CRÉATION DE
TALISMANS

Données de catalogage avant publication (Canada)

Chatellier, Michèle V., 1943-

   Création de talismans

   ISBN 2-7640-0062-6

   1. Talismans. I. Titre.

BF1561.C42 1996   133,4'4   C95-941657-9

LES ÉDITIONS QUEBECOR
7, chemin Bates
Bureau 100
Outremont (Québec)
H2V 1A6
Tél.: (514) 270-1746

© 1996, Les Éditions Quebecor
Dépôt légal, 1er trimestre 1996

Bibliothèque nationale du Québec
Bibliothèque nationale du Canada
ISBN: 2-7640-0062-6

Éditeur: Jacques Simard
Coordonnatrice à la production: Dianne Rioux
Conception de la page couverture: Bernard Langlois
Photo de la page couverture: Laurie Rubin/The Image Bank
Révision: Francine St-Jean
Correction d'épreuves: Jocelyne Cormier
Infographie: Composition Monika, Québec
Impression: Imprimerie L'Éclaireur

CRÉATION DE
TALISMANS

MICHÈLE V. CHATELLIER

Les Éditions Quebecor

Table des matières

Introduction

Un talisman ne doit pas être considéré comme un porte-bonheur. C'est uniquement un condensateur de fluide, qu'il faut aider par un effort personnel. Si certains talismans jouent le rôle de protection, par exemple contre les accidents, les autres, au contraire, doivent être soutenus pour qu'ils aient plein effet et donnent le résultat qu'on attend d'eux.

Le talisman a pour unique but de soutenir et de faciliter l'effort de celui qui le possède, au moment voulu. Il est faux de croire que le fait de posséder un talisman pour favoriser les affaires ou pour trouver l'amour suffira. Vous ne pouvez vous asseoir et attendre que cela arrive magiquement. Il vous aidera dans vos démarches, mais vous devrez faire votre part. Comme le dit le dicton: «Aide-toi, le Ciel t'aidera.»

Certains talismans se sont avérés suffisants pour changer une destinée complète pour ce qu'ils avaient été conçus, mais il y a là, en plus de la valeur intrinsèque du talisman et de celui qui l'a fabriqué, une question de foi et de confiance de son possesseur. La foi est un appel à la création de bonnes choses, un appui qui donne la confiance et qui guide les décisions, qui permet d'utiliser les possibilités heureuses accordées par le destin. Mais de tels talismans sont assez rares et ne peuvent influencer que les personnes ayant déjà un très bon thème astral.

Il ne faut pas oublier qu'un talisman est fait pour *un seul désir*, et vous ne pouvez, en aucun cas, combiner plusieurs désirs dans un même talisman, car il serait sans effet.

Après de nombreuses années de création de talismans, de recherches, d'expériences, de pratiques et de résultats, nous pouvons dire qu'un talisman efficace doit être fait dans un contexte donné, à une heure précise, souvent à une date précise et, idéalement, en conjonction avec le thème astral de la personne à qui est destiné le talisman. Sa création requiert des connaissances en astrologie, en numérologie, en tarot, la connaissance des anges de lumière et, autant que possible, quelques notions de la kabbale, du yi king, de la géomancie et de la magie blanche. Après sa création, le talisman doit être magnétisé vers le but à atteindre, et la personne qui le reçoit doit entretenir son pouvoir et son action par une action personnelle accompagnée d'une confiance et d'une foi aveugles en son pouvoir. Ainsi, la création d'un courant de pensées heureuses et équilibrées permettra de passer à l'action et à la réalisation avec toutes les chances de succès.

Le talisman répond à un seul but et pour un seul individu, rien qu'à lui; il lui est personnel et il est nécessaire de garder le secret jusqu'à l'obtention de la réussite. Par la suite, le talisman doit être brûlé et non pas jeté.

Vous pouvez obtenir ou faire un talisman pour la protection, la santé, la chance, l'argent, l'amour, les affaires, les associations, ou encore pour retrouver des choses perdues. Au bout de très peu de temps, en ayant en votre possession un talisman et en appliquant les directives données, les idées qui viennent déclencheront des actes qui faciliteront la réalisation du but poursuivi.

N.D.L.R.   Le mot «homme» est un terme générique qui englobe et l'homme et la femme.

CHAPITRE I

La confection de talismans

Un talisman ne sera qu'en parfaite harmonie avec la personne qui le porte, quelle qu'en soit la sorte.

Aussi est-il conseillé de faire soi-même son propre talisman. Toutefois, si vous le faites pour quelqu'un d'autre, il sera important d'y représenter l'inscription de signes ou de symboles en rapport avec vous-même ou avec la personne qui le portera.

> «Un talisman ne peut avoir de valeur que s'il est compris par son porteur[1].»

Par conséquent, la personne qui portera ce talisman, si elle ne l'a pas créé elle-même, devra absolument en connaître tous les symboles, en saisir le sens et sa portée et, surtout, le comprendre. Il faudra aussi croire aveuglément en ses vertus créatrices, protectrices et bienfaitrices.

Mais quelle différence y a-t-il entre un talisman et un pentacle?

Tout le monde a déjà entendu parler de «porte-bonheur». Qui n'a pas eu un jour, en sa possession, quelque chose qui lui tenait lieu de porte-bonheur? Il y a aussi les chiffres chanceux ou malchanceux: le 13, sa date de naissance, son adresse, son numéro d'immatriculation ou son numéro de téléphone.

Il faut reconnaître toutefois que l'objet seul n'a aucune valeur, sinon la croyance, la foi et la simplicité de la personne qui le porte[2].

En Afrique et dans certains pays d'Amérique du Sud, d'Amérique centrale, d'Asie et d'Australie, l'indigène possède une amulette ou un fétiche.

---

1. Papus. *Traité méthodique de magie pratique.*

2. *Ibid.*

L'amulette est composée de poudres, d'herbes desséchées, d'ossements ou de cornes d'animaux, de peau ou de touffes de poils, le tout contenu dans un petit sac en cuir ou en métal. Prélevés à un moment choisi sur le plan astrologique, basé sur la course de la lune, l'amulette est destinée à protéger d'un danger spécial, correspondant à sa nature. Le port d'une amulette déclenche immédiatement son influence, sans que son rayonnement varie avec le temps de sa durée.

L'étymologie du mot talisman est assez incertaine. On croit que ce mot d'origine grec a le sens d'objet consacré. On peut aussi tirer de l'hébreu son sens de l'image.

L'astrologie est l'art de prévoir l'avenir par l'examen des astres à un moment donné, d'après leur position dans le ciel et les aspects qu'ils forment entre eux. On dresse un thème astral en dessinant sur un cercle, dans lequel sont inscrits les signes du zodiaque et les maisons astrologiques, les planètes d'après leur position, à un moment donné. Lors de la confection des talismans, il faudra tenir compte de certains aspects astrologiques selon la raison pour laquelle le talisman est confectionné.

Le talisman a une influence bénéfique donnée qui est précisée lors de sa réalisation et qui est canalisée au gré du désir de son créateur. Dès son établissement et sa consécration, le talisman verra son rayonnement débuter insensiblement, prendre de l'ampleur avec le temps, augmenter de mois en mois jusqu'à ce que le maximum d'amplitude ait été atteint. Ensuite, au bout de quelques années parfois, il y a une descente de la courbe d'intensité, un point mort et un nouveau départ. Il peut y avoir aussi une descente brusque pendant un temps très court, le talisman remplissant alors le contraire de son rôle, puis un nouveau départ et une remontée de l'influence du départ. Il est recommandé alors de le détruire avant qu'il ait atteint le plus bas de sa courbe.

Il faut savoir au départ que l'homme n'a, dans toute sa vie, qu'un certain potentiel de possibilités. Que ce soit en matière de fortune, d'honneur, d'amour ou de facilité, une fois le sommet atteint, l'homme peut, grâce au talisman, ajouter des possibilités dans tel ou tel domaine, en empruntant sur la destinée d'un autre ou en diminuant une de ses chances pour une autre.

Ainsi, lorsque vous ferez des talismans pour quelqu'un d'autre, vous devrez connaître absolument quelques renseignements qui vous amèneront à prendre les bonnes décisions pour la confection du talisman.

Sachez que faire un talisman pour vous ou pour quelqu'un d'autre est une grave responsabilité qui requiert de la précision, du désintéressement, du dévouement et de la patience, puisque certains talismans peuvent prendre des mois avant d'être terminés. Vous devrez être conscient ou faire prendre conscience que le bonheur acquis par le talisman devra être compensé en renonçant à une satisfaction d'importance égale dans un autre domaine. En cas de refus ou d'impossibilité, il vous faudra faire un transfert, c'est-à-dire diminuer le pourcentage de réussite d'un tiers consentant à votre profit ou à celui du destinataire du talisman. Mais le plus important est que si vous oubliez le travail de compensation, vous devrez payer vous-même ce que vous aurez obligé le destin à accorder à votre client. En effet, seul le «paiement» consenti du talisman permet d'éviter à son destinataire le choc en retour qui ne manquera jamais de se produire lorsqu'il arrivera au point mort de sa courbe.

Dérivé du grec, le mot pentacle signifie tout et exprime le fait de traduire en une image, une représentation géométrique, l'idée de quelque chose enfermant le Tout ou l'Univers. Ce n'est pas vraiment un porte-bonheur, mais davantage un symbole qui en tire plus ou moins de vie.

Dans les traités de magie, on donne le nom de pentacle à un sceau magique imprimé sur du parchemin vierge fait avec de la peau de bouc, ou gravé sur un métal précieux, tel que l'or ou l'argent. Des triangles, des carrés, des étoiles à cinq ou six branches s'inscrivent dans les cercles du sceau. Des lettres hébraïques, des caractères kabbalistiques, des mots latins se dessinent sur ces figures géométriques. Les sceaux sont censés être en relation avec des réalités invisibles dont ils font partager les pouvoirs. D'après les temps anciens, ils peuvent servir à provoquer des tremblements de terre, l'amour, la mort, et à lancer toutes sortes de sortilèges. Ils symbolisent, captent et mobilisent à la fois les puissances occultes[3].

Un pentacle n'est pas lié aux influences astrologiques. Les symboles imprimés comme le sceau de Salomon, l'étoile à cinq branches, la croix, l'équerre et le compas entrelacés, et bien d'autres, sont suffisants pour lui apporter son rayonnement.

De ce fait, le pentacle sera beaucoup moins utilisé que le talisman, bien qu'il soit beaucoup plus facile à exécuter, et ne le sera surtout pas pour les réussites matérielles.

---

3. *Le dictionnaire des symboles*, Éditions R. Laffont.

L'initié se servira du symbole pour faire pénétrer sa pensée dans l'invisible et accéder ainsi à la frontière entre le conscient et l'inconscient, et pouvoir déchiffrer les entités métaphysiques. Il y parvient en enchevêtrant les symboles imagés, les parfums, les couleurs, les nombres et les lettres. En partant des principes fondamentaux, l'intuition fait le reste[4].

Le symbole est là pour faire travailler votre imagination, et vous parviendrez à une signification particulière dudit symbole. Toutefois, une autre personne n'arrivera pas nécessairement à la même définition que vous, puisque chacun empruntera une route qui correspond à ses nécessités et à ses possibilités intellectuelles.

Autrement dit, le symbole ne vous révélera que ce que vous serez capable d'en tirer et de comprendre.

Il en est ainsi dans tout système cosmogonique, philosophique ou métaphysique à caractère ésotérique. Les concepts représentés dépassent la pensée humaine et demeurent ainsi *a priori* inaccessibles aux non-initiés.

Quand on fait un talisman dans un but déterminé, celui qui le fait doit d'abord prévoir si l'action du talisman est susceptible de déclencher des possibilités en rapport avec le désir du demandeur. Si vous ne voyez aucun rapport avec l'intention, le talisman ne vous permettra pas d'atteindre votre objectif.

Quand il existe des possibilités en rapport avec l'intention, le porteur du talisman n'a pas besoin nécessairement d'avoir la foi dans la mesure où il respecte ce que la magie enseigne.

On dit que certains talismans sont parfois suffisants pour modifier totalement une destinée dans le sens qu'ils ont été confectionnés. C'est tout à fait possible, mais il ne faut pas croire que le fait de posséder un talisman pour favoriser le travail ou les affaires suffise pour vous apporter les gains espérés. La seule vertu du talisman sera d'augmenter les possibilités d'affaires, de vous donner davantage de travail et de le rendre, selon le cas, plus facile ou moins pénible. Mais si vous ne faites pas votre travail, ne vous attendez pas à ce que seul votre talisman fasse grossir votre compte en banque.

Si vous connaissez l'astrologie, vous pouvez faire vous-même les talismans, mais faites-les quand vous êtes dans un courant ascendant de

---

4.   *Ibid.*

possibilités relativement à votre désir. Lorsqu'on est en perte de vitesse, ce n'est pas le moment de faire un talisman pour remonter la pente. Quand cela ne va pas, demandez à quelqu'un de le charger pour vous de ce qui vous manque. En effet, au moment de charger le talisman, il faut être en bonne santé et avoir un comportement en harmonie avec des courants vibratoires qui donne naissance à des idées dont la réalisation est toujours favorable au désir.

En résumé

Pour le talisman, on choisit le bon moment au moyen de l'astrologie, après avoir rassemblé tous les accessoires à utiliser pour la fabrication ou le choix de l'encre en respectant l'heure planétaire, pour la fabrication de l'enveloppe de protection et, finalement, pour le tracé du pentacle, la consécration et l'ensachage.

Pour le pentacle, on rassemble tous les accessoires à utiliser, on dessine les tracés et on fait la consécration.

Beaucoup de symboles seront utilisés dans la fabrication des talismans et des pentacles. Voici maintenant la signification de quelques tracés géométriques.

La croix

Au point de vue ésotérique, la croix exprime l'idée de rayonnement. C'est aussi celle du silence. En même temps, elle est l'image de la destruction. La croix est le symbole de la lumière purificatrice selon ce qu'on lui soumet, c'est le contraire de tout ce qui est ténébreux et nocturne. Elle est l'emblème de l'épreuve.

Le pentagramme

Au point de vue ésotérique, le pentagramme exprime la connaissance et la sagesse. C'est aussi l'image de la puissance du verbe en magie. C'est l'action intelligente, raisonnée, tendant vers l'harmonie. C'est aussi l'emblème de la libération, de l'affranchissement. C'est l'image de l'homme.

L'hexagramme

Le double triangle, ou l'étoile à six branches, représente le sceau de Salomon. Inscrit sur la plaque, il donne le pouvoir sur les esprits. Qui a percé son mystère devient maître de son destin. Il exprime en outre l'idée de résurrection, la croyance en une nouvelle vie future. C'est l'emblème du Nouveau Testament, du Dieu d'amour, de la miséricorde, du pardon et de la vie. Il évoque l'enthousiasme et l'élan vers la vie.

Les autres figures

Le triangle dans un cercle exprime la manifestation de l'essence. Un signe ou un mot au centre du cercle donnera la nature de cette essence. La direction du sommet du triangle précisera le domaine spirituel ou matériel choisi pour cette manifestation.

Le chinois, le japonais, l'arabe, l'hébreu sont des alphabets hiéroglyphes dans lesquels chaque signe représente non seulement une lettre et un nombre, mais aussi une idée.

Au point de vue kabbalistique[5], l'alphabet hébreu est sacré.

L' A L P H A B E T   S A C R É

Teith 9	'Heith 8	Zain 7	Vaï 6	Hé 5	Daleth 4	Guimel 3	Beith 2	Aleph 1
Tsadé 90	Phé 80	Ayin 70	Samech 60	Noun 50	Mem 40	Lamed 30	'Kaf 20	Yod 10
Tsadé final 900	Phé final 800	Noun final 700	Mem final 600	'Kaf final 500	Tav 400	Schin 300	Reich 200	Qôf 100

5.   Voir *Cours sur la kabbale*, du Centre ésotérique Van Chatou.

Voici la signification de chacune des lettres, puisque vous les utiliserez dans l'exécution de vos talismans et pentacles.

Lettre nº 1
Chiffre nº 1
Signification: l'homme.

ALEPH   Correspondance astrologique: le Soleil.
Symbole ésotérique: la volonté.
Nom divin: EHIEH.
Correspondance tarotique: le mage.

Lettre nº 2
Chiffre nº 2
Signification: la bouche.

BETH   Correspondance astrologique: la Lune.
Symbole ésotérique: la science.
Nom divin: BACHOUR.
Correspondance tarotique: la porte du temple.

Lettre nº 3
Chiffre nº 3
Signification: la main.

GHIMEL   Correspondance astrologique: la Terre.
Symbole ésotérique: l'action.
Nom divin: GADOL.
Correspondance tarotique: Isis.

Lettre nº 4
Chiffre nº 4
Signification: le sein.

DALETH   Correspondance astrologique: Jupiter.
Symbole ésotérique: la réalisation.
Nom divin: DAGOUL.
Correspondance tarotique: le cube.

Lettre nº 5
Chiffre nº 5
Signification: le souffle.

HE   Correspondance astrologique: Mercure.
Symbole ésotérique: l'inspiration.
Nom divin: HADOM.
Correspondance tarotique: le maître des arcanes.

Lettre n° 6
Chiffre n° 6
Signification: l'œil et l'oreille.

VAU   Correspondance astrologique: la Vierge.
Symbole ésotérique: l'épreuve.
Nom divin: VESIO.
Correspondance tarotique: les deux routes.

Lettre n° 7
Chiffre n° 7
Signification: la flèche.

ZAIN   Correspondance astrologique: le Sagittaire.
Symbole ésotérique: la victoire.
Nom divin: ZAKAI.
Correspondance tarotique: le char d'Osiris.

Lettre n° 8
Chiffre n° 8
Signification: le champ.

HETH   Correspondance astrologique: la Balance.
Symbole ésotérique: l'équilibre.
Nom divin: CHASED.
Correspondance tarotique: Themis.

Lettre n° 9
Chiffre n° 9
Signification: le toit.

TETH   Correspondance astrologique: Neptune.
Symbole ésotérique: la prudence.
Nom divin: TEHOR.
Correspondance tarotique: la lampe.

Lettre n° 10
Chiffre n° 10
Signification: l'index.

IOD   Correspondance astrologique: le Capricorne.
Symbole ésotérique: la fortune.
Nom divin: IAH.
Correspondance tarotique: le sphinx.

Lettre nº 11
Chiffre nº 20
Signification: la main qui serre.

CAPH   Correspondance astrologique: le Lion.
Symbole ésotérique: la force.
Nom divin: MITTATRON.
Correspondance tarotique: le lion.

Lettre nº 12
Chiffre nº 30
Signification: le bras qui se tend.

LAMED   Correspondance astrologique: Uranus.
Symbole ésotérique: la mort violente.
Nom divin: SADAI.
Correspondance tarotique: le sacrifice.

Lettre nº 13
Chiffre nº 40
Signification: la femme.

MEM   Correspondance astrologique: Saturne.
Symbole ésotérique: la transformation.
Nom divin: JEHOVAH.
Correspondance tarotique: la faux.

Lettre nº 14
Chiffre nº 50
Signification: le fruit.

NOUN   Correspondance astrologique: le Verseau.
Symbole ésotérique: l'initiative.
Nom divin: EMMANUEL.
Correspondance tarotique: le génie humain.

Lettre nº 15
Chiffre nº 60
Signification: le serpent.

SAMECH   Correspondance astrologique: Mars.
Symbole ésotérique: la fatalité.
Nom divin: SAMECK.
Correspondance tarotique: le typhon.

Lettre n° 16
Chiffre n° 70
Signification: le lien.

HAIN   Correspondance astrologique: le Bélier.
Symbole ésotérique: la ruine.
Nom divin: SABAOTH.
Correspondance tarotique: la tour foudroyée.

Lettre n° 17
Chiffre n° 80
Signification: la langue.

PHE   Correspondance astrologique: Vénus.
Symbole ésotérique: l'espérance.
Nom divin: PHODE.
Correspondance tarotique: l'étoile.

Lettre n° 18
Chiffre n° 90
Signification: le toit.

TSADE   Correspondance astrologique: le Cancer.
Symbole ésotérique: la déception.
Nom divin: TSEDECK.
Correspondance tarotique: le crépuscule.

Lettre n° 19
Chiffre n° 100
Signification: la hache.

COPH   Correspondance astrologique: les Gémeaux.
Symbole ésotérique: le bonheur.
Nom divin: KODESH.
Correspondance tarotique: la lumière.

Lettre n° 20
Chiffre n° 200
Signification: la tête.

RESH   Correspondance astrologique: les Poissons.
Symbole ésotérique: le renouvellement.
Nom divin: RODEH.
Correspondance tarotique: le réveil.

Lettre n° 21
Chiffre n° 300
Signification: la flèche.

SHIN   Correspondance astrologique: le Taureau.
Symbole ésotérique: l'expiation.
Nom divin: SHADAI.
Correspondance tarotique: la couronne.

Lettre n° 22
Chiffre n° 400
Signification: le thorax.

TAU   Correspondance astrologique: le Scorpion.
Symbole ésotérique: la récompense.
Nom divin: TECHONAH.
Correspondance tarotique: le crocodile.

Vous vous servirez de cette liste pour représenter les symboles sur le talisman. Par exemple, vous êtes du signe des Poissons qui est gouverné par Neptune. Vous reproduirez donc sur le talisman les lettres RESH et TETH.

La tradition ésotérique enseigne que le monde est gouverné par sept planètes ou génies planétaires: Saturne, Jupiter, Mars, Soleil, Vénus, Mercure et Lune.

Mais il ne s'agit pas uniquement de copier des symboles planétaires ou autres sur les talismans, encore faut-il comprendre pourquoi.

La plupart du temps, les gens voudront avoir un talisman pour l'amour ou l'argent.

Le talisman pour l'amour attirera la sympathie et l'amour, rétablira et favorisera l'harmonie dans le foyer, l'affection, la tendresse et l'équilibre dans le couple. Le porteur bénéficiera d'une grande influence sympathique.

Le talisman pour l'argent favorisera l'ambition, la réussite, la prospérité en affaires, l'augmentation de travail, la célébrité et la gloire. Il aidera la réussite professionnelle, favorisera les promotions et les augmentations ainsi que la rentabilité d'une affaire.

Il faudra aussi faire la différence entre les symboles ésotériques utilisés, puisque chacun ne sera efficace que dans son propre domaine. On emprunte à la kabbale les éléments graphiques attribués à chacune des planètes pour la confection des talismans. En effet, chaque planète préside une journée, un ange gouverne cette journée et un nom mystique en hébreu correspond à cette planète. On retrouve aussi son nombre symbolique et les symboles graphiques représentant l'idée.

Les combinaisons de lettres ont donné naissance à 10 noms divins qui expriment chacun un attribut spécial de Dieu. On retrouve ces noms sur tous les talismans. Ainsi, en reprenant l'exemple plus haut, on trouvera Resh, Tesh, Vénus, Jupiter, Tehor, Rodeh, Phode et Daleth.

D'après la tradition, ces noms mystiques influent sur le domaine d'action de la planète déterminée par le désir du demandeur.

Vous trouverez ci-dessous quelques alphabets et symboles géométriques qui vous seront utiles dans la confection des talismans[6].

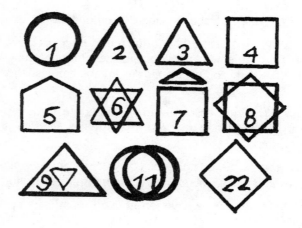

---

6.   *La talismanie pratique*, R. Ambelin; *Les talismans*, D. Rouach; *Les talismans*, J.-P. Bayard; *Les talismans dévoilés*, Y. Gaël.

ALPHABET «CÉLESTE»

Theth Cheth Zaïn Vau He Daleth Gimel Beth Aleph

Zade Pe Aïn Samech Nun Mem Lamed Caph Iod

Tau Schin Res Kuff

ALPHABET «MALACHIM»
DIT «ÉCRITURE DES ANGES» OU «ROYALE»

Zaïn Vau He Daleth Gimel Beth Aleph

Nun Mem Lamed Caph Iod Theth Cheth

Res Kuff Zade Pe Aïn Samech Samech Shin Tau

ALPHABET «DU PASSAGE DU FLEUVE»

Cheth Zaïn Vau He Daleth Gimel Beth Aleph

Samech Nun Mem Lamed Caph Iod Theth

Tau Schin Res Kuph Zade Pe Aïn

ALPHABETS DE SALOMON

Hébreu moderne	Des Mages	Malakim ou Angélica	Passage du fleuve	Lecture divine	Valeur numérique
א				Aleph	1
ב				Beth	2
ג				Ghimel	3
ד				Daleth	4
ה				Hé	5
ו				Vau	6
ז				Zain	7
ח				Cheth	8
ט				Teth	9
י				Yod	10
כ				Kaph	20
ל				Lamed	30
מ				Mem	40
נ				Noun	50
ס				Samekh	60
ע				Ayin	70
פ				Pé	80
צ				Tsade ou Tzad	90
ק				Quph	100
ר				Resh ou Resch	200
ש				Schin	300
ת				Tau	400

SIGNIFICATIONS CORRESPONDANTES

Sphère d'influence	Divinités correspondantes	Planètes ou constellations	
L'homme - La volonté	Ehieh	Soleil	☉
La bouche - La science	Bashour	Lune	☾
La main qui saisit - L'action	Gadol	Terre	○
Le sein - La réalisation	Dagoul	Jupiter	♃
Le souffle - L'inspiration	Hadom	Mercure	☿
L'œil et l'oreille - La preuve	Vesm	Vierge	♍
La flèche - La victoire	Zakai	Sagittaire	♐
Un champ - L'équilibre	Chavol	Balance	♎
Une couverture - La prudence	Tchor	Neptune	♆
L'index - La chance	Iah	Capricorne	♑
La main qui serre - La force	Mittatron	Lion	♌
Le bras qui se tend - La mort violente	Sadai	Uranus	♅
La femme - La transformation de l'homme	Jehovah	Saturne	♄
Un fruit	Emmanuel	Verseau	♒
Le serpent - La fatalité	Sameck	Mars	♂
Le lien - La ruine	Jehovah Sabaoth	Bélier	♈
La bouche et la langue - L'espoir	Phode	Vénus	♀
Le toit - La déception	Tsedeck	Cancer	⊗
La hache - Le bonheur	Kadesh	Gémeaux	♊
La tête - Le renouveau	Rinich	Poissons	♓
La flèche - L'expiation	Shalai	Taureau	♉
Le thorax - La récompense	Techinah	Scorpion	♏

Vous avez vu les principes fixes du talisman qui se retrouveront nécessairement sur chacun ainsi que les éléments particuliers en rapport avec le désir du demandeur.

Il faut maintenant individualiser chaque talisman avec la personnalité propre du demandeur, qui démontrera définitivement la propriété personnelle en rapport avec le but recherché.

En effet, en indiquant d'une façon symbolique son signe astral ainsi que le décan, le talisman est ainsi imprégné de ses caractéristiques propres.

Il faut toujours garder à l'esprit que vous le ferez au moyen des signes hébreux correspondants.

Selon la date de naissance, il faudra rechercher, dans le tableau présenté à la page 29, les trois éléments correspondant aux caractéristiques du demandeur et inscrire le symbole hébreu correspondant aux lettres, en plus des autres noms.

Vous ne devez pas inscrire n'importe où les symboles, il faut respecter certaines règles.

Voici quatre modèles qui indiquent le cheminement du talisman.

1. Les deux cercles

2. Le pentagramme

3. L'étoile à cinq branches

4. Le nom de Dieu Iod-Hé-Vau-Hé

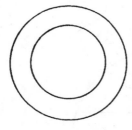

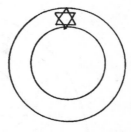

Faites des copies de ce modèle afin de vous pratiquer.

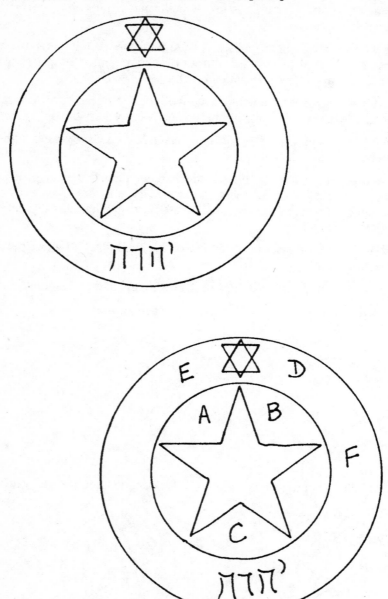

Signe	Nom et numéro de la lettre	Planète et numéro de la lettre	Génies des décans
Capricorne 22/12-20/01	Iod 10	Saturne 13 Mem	Théméso Epima Homoth
Verseau 21/01-18/02	Noun 14	Saturne 13 Mem	Oroasœr Astiro Tépisatras
Poissons 19/02-20/03	Resh 20	Jupiter 4 Daleth	Archatapias Tnopibui Atembui
Bélier 21/03-20/04	Haïn 16	Mars 15 Samech	Assican Sénacher Acentacer
Taureau 21/04-20/05	Shin 21	Vénus 17 Pé	Asicath Viroaso Aharph
Gémeaux 21/05-21/06	Coph 19	Mercure 5 Hé	Thésogar Vérasua Tépisatosoa
Cancer 22/06-22/07	Tsadé 18	Lune 2 Beth	Sothis Syth Thuimis
Lion 23/07-22/08	Caph 11	Soleil 1 Aleph	Aphruimis Sithacer Phuonisie
Vierge 23/08-22/09	Vau 6	Mercure 5 Hé	Thuimis Thopitus Aphut
Balance 23/09-22/10	Heth 8	Vénus 17 Pé	Sérucuth Atérechinis Arpien
Scorpion 23/10-22/11	Tau 22	Mars 15 Samech	Sentacer Tépiseuth Senciner
Sagittaire 23/11-21/12	Zaïn 7	Jupiter 4 Daleth	Eregbuo Sagen Chenen

A. Mettez la lettre représentant le signe zodiacal en haut et à gauche du pentagramme.

B. Mettez la lettre symbolisant la planète du signe en haut et à droite du pentagramme.

C. Inscrire le nom du génie du décan de naissance entre les deux branches inférieures du pentagramme.

Chaque planète (son nom divin en D) préside une journée qui est régie par un ange (E). La journée correspondante est bénéfique pour commencer le talisman.

Jour	Planète	Ange	Lettre n°	Nom divin
Dimanche	Soleil	Raphaël	1	Ehieh
Lundi	Lune	Gabriel	2	Bachour
Mardi	Mars	Camaël	15	Sameck
Mercredi	Mercure	Mikaël	5	Hadom
Jeudi	Jupiter	Tsadkiel	4	Dagoul
Vendredi	Vénus	Haniel	17	Phode
Samedi	Saturne	Binaël	13	Jehovah

Une fois que vous aurez choisi votre talisman, indiquez la lettre correspondante de la planète en F.

Bélier: pour la réussite, la force, la vitalité et le courage.

Taureau: pour l'argent et la réalisation.

Gémeaux: pour les études, les sympathies et le savoir-faire.

Cancer: pour la chance pure et la quiétude.

Lion: pour l'action et la réalisation productive.

Vierge: pour l'appui moral et matériel.

Balance: pour l'amour et l'entente sociale.

Scorpion: pour la protection contre les maléfices et le mauvais sort.

Sagittaire: pour l'ascension honorifique et la richesse.

Capricorne: pour la domination et la longévité.

Verseau: pour l'amour et la joie.

Poissons: pour la sauvegarde, le bien-être et la chance.

Les formes-pensées et le symbolisme seront donnés plus loin.

CHAPITRE II

Les nombres et les points sacrés

Le nombre sacré est la représentation numérale de la personnalité. Chaque lettre du nom et du prénom correspond à une donnée numérale d'après l'alphabet sacré des mages.

Alphabet sacré des mages		
A 1	I 10	Q 100
B 2	J 10	R 200
C 20	K 20	S 300
D 4	L 30	T 400
E 5	M 40	UVW 6
F 80	N 50	X 60
G 3	O 70	Y 10
H 8	P 80	Z 7

Ainsi, chaque personne a un nombre sacré.

$$
\begin{array}{ll}
N = 50 & M = 40 \\
A = 1 & A = 1 \\
N = 50 & R = 200 \\
G = 3 & C = 20 \\
H = 8 & \\
E = 5 & \\
\hline
117 \quad + & 261 \quad = \quad 378
\end{array}
$$

La somme obtenue par la représentation numérale des lettres du nom et du prénom donne le nombre sacré. Il représente sa personnalité. En faisant la somme des trois chiffres 3 + 7 + 8, cela donne 18 angles qu'il ne faut pas utiliser pour la confection des talismans. Il faudra se servir de son complémentaire 21, soit III. Ce sera l'idée-forme, pour compenser la mauvaise influence du nombre. Toutefois, on peut utiliser le nombre 378 à condition de l'inscrire dans un triangle, ou de faire un petit triangle au-dessous, ou encore de dessiner en dessous l'idée-forme de l'arcane III.

Le point sacré est le nombre sacré quand celui-ci est inférieur à 360. S'il est supérieur, on soustrait autant de fois 360 que nécessaire, pour obtenir un nombre inférieur.

$$378 - 360 = 18$$

Dans le zodiaque, 18 correspond au 18° du Bélier.

Ainsi, le nombre sacré de Marc Nanghe est le 378.

Le point sacré est donc sous l'influence du deuxième décan du Bélier, la planète du signe est Mars et le génie planétaire du décan, le Soleil. Le génie correspondant est Elemiah, dont le nom hébraïque s'écrit Ayn Lamed Mem Yod Hé.

Donc, on inscrira sur le talisman les symboles suivants :

378

III

Ayn Lamed Mem Yod Hé

18° Bélier

Mars   Soleil

Reportez-vous aux annexes, à la fin du livre, pour trouver les données manquantes.

Les arcanes majeurs

La représentation graphique des idées-formes

Pour faire un talisman, il est nécessaire d'y inclure des représentations graphiques, des idées-formes qui sont empruntées au tarot et à l'astrologie; d'y faire un rapport entre les groupements des arcanes et leurs attaches avec les différents génies sidéraux: ceux des éléments et ceux du zodiaque.

Chaque arcane représente une idée-forme bien définie. Il suffit, pour transformer l'idée-forme en pensée-force, de «voir» la lame majeure correspondante. Voilà pourquoi on utilise des «angles», et le nombre d'angles varie selon la lame.

Chaque idée-forme sera conçue comme on la sent, dans la mesure où le nombre d'angles nécessaires y soit.

I. Comporte 1 angle; représente le Lion et le Soleil; correspond à la lettre A et au bateleur. C'est l'idée-forme de l'intelligence créatrice, de l'éloquence. Elle apporte des secours puissants et des amitiés utiles. C'est la volonté humaine, l'impulsion qui porte vers l'avant. Il s'agit d'un graphisme d'action, de vitalité, de santé; il peut être utilement associé au graphisme XX, quand on cherche à modifier l'orientation de sa vie. Couleur: or. Correspond à la période du 21 juillet au 22 août.

II. Comporte 2 angles; représente le Cancer et la Lune; correspond à la lettre B et à la papesse. C'est l'idée-forme de l'imagination, de la connaissance intuitive. Le mystère peut être levé; rapport avec les écrits. Il s'agit d'un graphisme de chance; il aide à gagner aux jeux de hasard en l'associant au graphisme XIX; il favorise la venue du bien-être, des faveurs, de la popularité. Couleur: argent. Correspond à la période du 23 juin au 23 juillet.

III. Comporte 3 angles; représente la combinaison de la Lune et du Soleil pour former Mercure; correspond aux lettres C, K, Q et à l'impératrice. C'est l'idée-forme de la science infuse, de l'évolution, c'est un pas en avant vers la réalisation. Il s'agit d'un graphisme de création, de nouveauté, qui aide aux études, aux voyages, aux transactions financières, à tout genre d'accroissement; sa synthèse, c'est la fécondité. Couleurs: vert clair, jaune. Correspond à la période du 23 mai au 22 juin.

IV. Comporte 4 angles; représente la combinaison de Vénus et du Taureau; correspond à la lettre D et à l'empereur. C'est l'idée-forme de la réalisation sans effort et de la venue de protections extérieures. C'est la constance et la persévérance. Il s'agit d'un graphisme de matérialité essentiellement propice aux biens terrestres. Il aide le travail, le labeur, les efforts dans le même sens. Il apporte avec lui l'intention d'entente familiale, d'harmonie sensuelle entre les conjoints. Il permet de conserver ses biens et les avantages acquis; il donne l'accession au pouvoir. Combiné avec le graphisme XVII, le graphisme IV contribuera grandement à une heureuse vie familiale. Couleur: bleu. Correspond à la période du 22 avril au 22 mai.

V. Comporte 5 angles; représente Jupiter. C'est l'idée-forme de la domination sur soi-même et sur les autres. Correspond à la lettre E et au pape. C'est le graphisme de l'évolution morale, spirituelle, intellectuelle, surtout celui de l'action durable qui triomphe des difficultés dans tous les domaines. C'est aussi la protection, la loyauté, les traditions, pour lesquelles la volonté humaine peut s'exercer. Il est à utiliser pour mettre l'âme à l'abri des sortilèges comme pour mettre le corps à l'abri des maladies. Il permet de satisfaire les désirs les plus ambitieux. Couleur: violet-pourpre. Correspond à la période du 22 novembre au 21 décembre.

VI. Comporte 6 angles; représente le signe de la Vierge et Mercure. Correspond aux lettres F, X, et à l'amoureux. C'est un graphisme qui donne de la confiance en soi et qui permet de faire plus aisément un choix; il facilite le mariage pour les filles. Il améliore l'état physique et protège des risques d'intoxication et des maladies contagieuses. C'est un graphisme de protection, il préserve des mauvaises situations et des erreurs. Couleur: vert sombre. Correspond à la période du 23 août au 23 septembre.

VII. Comporte 7 angles; représente la Balance et Vénus. Correspond à la lettre G et au chariot. C'est l'idée-forme de l'harmonie et du triomphe dans tous les domaines et sur tous les plans. Il s'agit d'un graphisme de domination sur soi-même; il permet de dominer ses passions, de juguler ses impatiences, d'atteindre sans heurt le but qu'on s'est fixé. C'est autant le graphisme de la santé que celui de l'amour ou de l'argent; il permet d'attirer à soi sans contraindre, d'être aimé sans s'imposer, de triompher sans luttes. Associé avec le graphisme XIV, il retiendra tout ce qu'il a obtenu. Couleur: bleu clair. Correspond à la période du 22 septembre au 21 octobre.

VIII. Comporte 8 angles; représente le Scorpion et Mars. Correspond à la lettre H et à la justice. C'est l'idée-forme de l'équilibre, de l'imagination pratique, de la stabilité physique et psychique. Il s'agit d'un graphisme de la résistance, de la force morale; il apporte de la puissance et de la constance. Il met à l'abri des risques accidentels, des mauvais coups et des coups bas; il combat la stérilité et immunise de la contagion. Associé avec le graphisme XIII, il donne la longévité. Couleur: vermillon. Correspond à la période du 22 octobre au 22 novembre.

IX. Comporte 9 angles; représente Jupiter et le Sagittaire. Correspond à la lettre I et à l'hermite. C'est l'idée-forme de la sécurité, de la force morale et de la conscience. Il s'agit d'un graphisme de préservation, de foi et de confiance; il développe les aptitudes intellectuelles et médicales, permet de soigner et de guérir, donne la longévité, de la résistance, de la constance, de la résignation et de la sagesse. C'est le graphisme des médecins, des occultistes, des magnétiseurs. Couleur: violet. Correspond à la période du 23 novembre au 21 décembre.

X. Comporte 10 angles; représente Mars et le Scorpion. Correspond aux lettres J, Y, et à la roue de fortune. C'est l'idée-forme du changement. Ce graphisme permet de s'adapter à ce qui est et d'attendre en toute confiance des jours meilleurs, il est celui de la Providence, de la bonne fortune; il donne du courage physique, de la confiance en soi; il combat la mélancolie et contribue au retour de la santé en l'associant au graphisme XI. Il favorise les voyages lucratifs et les met à l'abri des mauvaises surprises. Couleur: vermillon. Correspond à la période du 22 octobre au 22 novembre.

XI. Comporte 11 angles; représente le Bélier et Mars. Correspond à la lettre K et à la force. C'est l'idée-forme de la force et de la confiance. Ce graphisme permet de passer à l'action; il est celui de la résistance, de la vitalité, de la virilité. Il aide tout de qui est passion, foi et amour; il permet de triompher dans tout genre de lutte ou de compétition. Il s'agit d'un graphisme qui permet de s'enrichir sur tous les plans. Couleurs: rouge vif, pourpre. Correspond à la période du 21 mars au 21 avril.

XII. Comporte 12 angles; représente Jupiter et les Poissons. Correspond à la lettre L et au pendu. C'est l'idée-forme qui permet de lutter contre un destin contraire et d'abandonner ce que l'on ne peut sauver. C'est le graphisme qui contrariera l'échec et donnera la force pour endurer des contraintes obligatoires et pouvoir attendre des jours meilleurs. Cette idée-forme associée au graphisme IX permet de faire l'effort qui remettra, sur les plans moral et physique, sur la bonne voie. Couleur: violet-bleu. Correspond à la période du 20 février au 20 mars.

XIII. Compore 13 angles; représente le Verseau et Saturne. Correspond à la lettre M et à la mort. C'est l'idée-forme de l'évolution, de la transformation, de la renaissance. Elle aide à se recueillir et à méditer, elle apporte la paix de l'âme, elle délivre des pensées troubles et elle met fin aux obsessions. Ce graphisme aide les études intellectuelles, les recherches. Il modifie les choses, les détruit ou les transforme dans le sens de l'intention. Associé au graphisme VIII, il met fin aux inconvénients physiques, libère des contraintes et des inimitiés. Couleur: bleu acier. Correspond à la période du 20 janvier au 19 février.

XIV. Comporte 14 angles; représente le Capricorne et Saturne. Correspond à la lettre N et à la tempérance. C'est l'idée-forme de l'arrêt, en rapport avec l'intention, elle sauvegarde de la dissipation et des pertes physiques, morales ou financières. C'est le passage d'un plan à un autre. Elle freine les excès contraires à la vie ou aux richesses. C'est le graphisme de la réserve et de l'accroissement des biens. Il permet, lorsque associé au graphisme VII, de connaître une vieillesse à l'abri du besoin. Couleurs: gris foncé ou brun. Correspond à la période du 22 décembre au 19 janvier.

XV. Comporte 15 angles; représente la Balance et Vénus. Correspond à la lettre O et au diable. C'est l'idée-forme de l'amour sensuel, des désirs violents, des passions qu'il faut coûte que coûte assouvir. Elle apporte avec elle les jouissances et les plaisirs physiques. C'est le graphisme du sensualisme plus ou moins élevé, selon l'intention, mais qui tend toujours à l'asservissement de soi-même ou d'autrui. Il combat l'impuissance et la frigidité. Couleur: bleu. Correspond à la période du 24 septembre au 23 octobre.

XVI. Comporte 16 angles; représente Vénus et le Taureau. Correspond à la lettre P et à la maison-Dieu. C'est l'idée-forme de la catastrophe, des instincts mauvais et d'un destin implacable; *ce n'est pas* une figure à représenter dans un talisman, car elle est une idée-forme du mal. Associée au graphisme V, elle devient une force maléfique que le choc en retour menace. Couleur: bleu sombre. Correspond à la période du 21 avril au 20 mai.

XVII. Comporte 17 angles; représente les Gémeaux et Mercure. Correspond à la lettre Q et à l'étoile. C'est l'idée-forme de l'espoir, de la protection et de la foi. C'est le graphisme de l'élévation spirituelle, de l'évolution des sentiments; il aide les amours et les amitiés qu'il rend sereines et confiantes. Il donne la chance pure, la possibilité de connaître le bonheur. Associé au graphisme IV, il donne des satisfactions matérielles et un sensualisme élevé. Couleur: vert clair. Correspond à la période du 21 mai au 21 juin.

XVIII. Comporte 18 angles ; représente la Lune et le Cancer. Correspond aux lettres R, W et à la Lune. C'est l'idée-forme des choses troubles, mouvantes et illusoires, de l'envoûtement et des inimitiés inconnues et dangereuses. C'est le graphisme de l'obsession et des tourments ; *il ne doit pas* être employé dans les talismans, car il pourrait créer des pensées-forces contraires à l'intention. Couleur : blanc sale. Correspond à la période du 22 juin au 22 juillet.

XIX. Comporte 19 angles ; représente le Soleil ; correspond aux lettres S, Z et au Soleil. C'est l'idée-forme du bonheur terrestre ; tout est à la joie, aux plaisirs, à la réussite sur tous les plans. C'est le graphisme que l'on peut utiliser pour tout ce qui touche le plan matériel, pratique et solide. Il aide le mariage riche, le rend agréable, mais il sera plus une affaire d'intérêt que de sentiments ; aussi, pour les questions d'amour, il sera préférable d'utiliser le graphisme XVII. Couleur : or. Correspond à la période du 23 juillet au 22 août.

XX. Comporte 20 angles ; représente la Vierge et Mercure. Correspond à la lettre T et au jugement. C'est l'idée-forme du dénouement inattendu et heureux dans le sens de l'intention ; elle marque la transition entre l'idée-forme et la pensée-force ; elle est autant favorable aux choses spirituelles qu'aux faits matériels. C'est le graphisme du mouvement vers l'avant, de l'évolution et de la réussite. Il récompense les efforts et rend justice. Il dit qu'on doit croire à la Providence et avoir confiance en soi. Il s'agit d'un graphisme de chance et de protection. Couleur : vert. Correspond à la période du 23 août au 21 septembre.

XXI. Comporte 21 angles; représente 7 triangles et le Soleil. Correspond à la lettre U et au monde. Les sept triangles, avec au centre le Soleil, sont la pensée-force de l'élévation et de l'évolution. Elle symbolise la sagesse, l'homme heureux, le triomphe, la fortune, l'élévation et la joie. Ce graphisme permet de triompher de l'adversité par l'action; il donne les possibilités de tout oser et de tout entreprendre avec le maximum de chance de réussite. Couleur: or. Correspond à la période du 23 juillet au 22 août.

Pour construire un talisman de protection ou d'action, il faut choisir un graphisme qui réponde à l'intention désirée, mais qui soit *en même temps* en rapport avec les possibilités astrologiques. Il importe peu que cette possibilité soit bonne ou mauvaise, car la carte de naissance doit révéler si le sujet est exposé à un sortilège ou, au contraire, s'il peut obtenir telle ou telle bienfaisance[1].

Ce tableau des correspondances des graphismes avec les planètes, selon la position qu'elles occupent dans le ciel, vous guidera afin de faire le bon choix. Le tarot, qui permet d'interpréter toute carte et de voir rapidement ses possibilités, vous sera très utile également.

---

1.   Voir Cours d'astrologie, de tarot et de numérologie du Centre ésotérique Van Chatou.

La confection de sceaux magiques

Un sceau magique a un but bien défini. Lorsque l'on fait un sceau magique, on doit le faire recto et verso. Le verso est fait normalement lorsque la planète qui gouverne le signe occupé par le point sacré se trouve en bon aspect par transit, ou dans le ciel avec la planète correspondante au sceau. On y inscrit aussi le nombre sacré correspondant, la planète maîtresse du décan ainsi que celle du signe occupé par le point sacré. Seul le recto sera donné.

Les sceaux peuvent avoir la forme de triangles, de losanges, d'hexagones, de cercles ou de carrés.

Les sceaux magiques ont pour but de protéger.

Le jugement et l'intention guideront le choix de l'idée-forme du verso qui sera dessiné quand la Lune sera, idéalement, en bon aspect avec Mars et Jupiter, ou avec Mars ou Jupiter. Mais dans ce dernier cas, la Lune ne doit pas être en mauvais aspect avec l'une ou l'autre de ces planètes; ce sera, de préférence, un mardi ou un jeudi, sinon un autre jour à une heure martienne ou jupitérienne.

1.
Contre les mauvais sorts et les accidents

Un triangle dans un cercle ou un triangle seul; le signe de Jupiter et l'idée-forme XVII. Le talisman sera commencé sous un bon aspect de Jupiter et de Mercure, si possible par transit ou à défaut dans le ciel, à une heure de Jupiter. S'il ne peut être terminé pendant cette heure jupitérienne, il faudra poursuivre le lendemain, toujours à une heure jupitérienne.

2.
Pour toutes les réussites

L'idée-forme de ce sceau met à l'abri des sortilèges; il favorise l'action, la vitalité, et contribue à favoriser le mérite personnel. S'il s'agit d'un pentagone avec ou sans cercle, l'idée-forme XI sera dessinée au-dessous d'un triangle, qui se trouve lui-même au-dessous du signe de la Balance. De chaque côté seront inscrits les idéogrammes de Mars et de Jupiter. Le talisman sera commencé sous un bon aspect du Soleil et de Jupiter, à une heure martienne. On ne le porte pas la nuit.

Si vous devez compenser, ajoutez un triangle, un carré ou toute autre forme qui formera une idée-forme favorable.

Le sceau sera consacré quand l'ascendant astrologique se trouvera au haut du ciel. Si l'heure de naissance est inconnue, il faudra magnétiser le sceau quand un signe de feu se trouvera dans le haut du ciel et qu'il y aura, ce jour-là, un bon aspect entre le Soleil et Mars, ou Mars et Jupiter, ou Jupiter et le Soleil. Si les trois aspects se produisaient le même jour, le magnétisme sidéral n'en serait que renforcé.

3.
Contre la timidité et pour faciliter l'élocution

Ce sceau sera commencé lorsque le Soleil sera en conjonction avec Mercure, qui est une planète directe quand le signe des Gémeaux occupe le haut du ciel (MC).

L'idée-forme de l'idéogramme de Mercure dans un triangle aide à la réalisation, à l'expression de la pensée.

4.
Contre la tristesse et pour donner la force morale

Il faut dessiner de préférence un hexagone avec un cercle, avec ou sans triangle, et graver le signe du Bélier ainsi que l'idée-forme II, de chaque côté les idéogrammes de Jupiter et de Mars. On le fera lors d'un trigone de Mars et de Jupiter en transit, puisque l'influence de cet aspect agit pendant une dizaine de jours. Il faut commencer le travail lorsque la Lune se trouve dans le Bélier ou, à défaut, dans le Sagittaire aux deux heures de la journée pendant lesquelles le signe qui accueille la Lune se trouve dans le MC.

Au verso: En plus des instructions du début, veillez à ce que l'idée-forme corresponde à un nombre d'angles qui soit propice à l'intention de la force morale ou, au moins, qui ne la contrarie pas.

Exemples:
Si 378 = 18, on ajoutera un triangle;
Si 376 = 16, on ajoutera un pentagone pour obtenir XXI;
Si 375 = 15, on ajoutera un carré pour obtenir XIX.

5.
Pour de meilleures facultés intellectuelles

La confection de ce sceau est très longue. Pour le commencer, il faut attendre que Mercure passe sur l'ascendant de naissance du porteur du sceau. Mercure étant en maison I, on tracera, dans un cercle, un polygone de sept côtés au centre duquel on dessinera l'idée-forme III, au moment de la conjonction de Mercure et de la Lune en transit; on tracera aussi les deux planètes. Ensuite, lorsque Mercure passe en trigone avec Mars, Jupiter ou Saturne, on inscrit les idéogrammes de ces planètes; pour le Soleil et pour Vénus, on les inscrit au moment de leur conjonction avec Mercure, puisque cette planète est directe (ou non rétrograde).

6.
Pour la confiance en soi

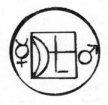

Ce talisman est constitué d'un hexagone avec ou sans cercle, dominé par l'idée-forme V. Il sera commencé sous un bon aspect de Mars et de Mercure, soit l'une ou l'autre de ces planètes, soit les deux, se trouvant en signe de feu.

7.
Pour l'équilibre physique et psychique

Il s'agit d'inscrire un triangle dans un cercle et l'idéogramme de Mars ; à chaque angle du triangle, un des génies du feu, à la base du triangle l'idée-forme VIII, et au milieu du triangle l'idée-forme X.

Ce sceau consiste à donner au porteur le maximum de ses possibilités. Il faut construire le sceau sous les meilleures influences possible des planètes qui se trouvent maîtresses des maisons I, V et IX, par rapport à Mars dans le ciel ou dans le thème de nativité.

8.
Pour les biens matériels

Il faut inscrire l'idéogramme de Jupiter ; à chaque angle du triangle un des génies de la Terre, à la base du triangle l'idée-forme IV.

Ce sceau consiste à donner au porteur le maximum de ses possibilités. Ici, ce sont les planètes maîtresses des maisons II, IV et X qui seront représentées ; il faut donc tracer les signes qui occupent ces maisons lors d'un bon aspect entre Jupiter et ces planètes dans le ciel ou en nativité.

9.
Pour les amours

Il faut inscrire l'idéogramme de Vénus, les génies de l'air et l'idée-forme VII.

Ce sceau consiste à donner à l'homme affectif le maximum de ses possibilités affectives. Ce sont les planètes maîtresses des maisons III, VII et XI qui serviront à la confection du sceau pour les amours. Il faudra tracer les signes qui occupent ces maisons quand les planètes qui les gouvernent formeront un bon aspect avec Vénus dans le ciel ou en nativité.

10.
Pour la protection dans ses actions personnelles

Ce sceau a pour vertu de fortifier le carré de l'action de son porteur. Ce carré intéresse les maisons I, IV, VII et X.

On choisira un carré aux angles desquels sont représentées les planètes qui gouvernent le carré de l'action; au centre du carré sera l'idée-forme XIII, celle de la transformation, de l'évolution, de l'immortalité, du recommencement: pour toujours entreprendre, il faut se croire immortel et croire en la Providence. Le carré fait apparaître cette idée-forme.

Les planètes maîtresses du carré seront gravées quand elles seront en bon aspect avec Saturne, et quand Mercure ne sera pas en mauvais aspect dans le ciel, ou en transit avec les planètes de la carte natale.

11.
Pour la richesse et l'argent

Ce carré intéresse les planètes maîtresses des maisons II (argent reçu en regard de la profession), V (par la chance ou les spéculations), VIII (par les legs ou héritages), XI (par les appuis, les faveurs, les protections). Le génie de la maison II sera tracé en bon aspect avec Mars; celui de la V, en bon aspect avec la Lune; celui de la VIII, en bon aspect avec Saturne; celui de la XI, en bon aspect avec Jupiter. Et ce, que ce soit en transit ou dans le ciel. Si le génie est maître de deux maisons, on le tracera deux fois sous des aspects différents: au premier aspect pour le premier et attendre un nouvel aspect pour le second.

12.
Contre les envoûtements

Ce sceau a pour vertu de fortifier le carré de l'évolution, du bonheur, sur le plan intellectuel par la maison III, sur le plan physique par la maison VII, sur le plan spirituel par la maison IX et sur le plan moral par la maison XII.

La figure est un carré aux angles desquels on représente les planètes qui gouvernent les maisons du carré de l'évolution; au centre du carré, on dessine l'idée-forme IX qui, dans le carré, fait apparaître l'idée-forme XIII, celle de l'évolution.

Les planètes maîtresses du carré seront gravées quand elles seront en bon aspect avec Jupiter, et quand Saturne ne sera pas en mauvais aspect, tant dans le ciel que par transit avec les planètes de la carte natale.

Tous les sceaux faits sur parchemin devront être consacrés sous l'influence bénéfique du génie planétaire correspondant.

CHAPITRE III

L'astrologie magique

Le fluide astral comprend les étoiles fixes dont se compose la région, d'où émerge le Soleil placé au centre de l'Univers. Les rayons du Soleil, qui se combinent avec la substance qui le sépare de la Terre, donnent naissance aux planètes.

Chaque homme a un ascendant astral qui indique la direction de sa vie et les lignes de vie ou de mort. En agissant sur son ascendant astral, au moyen de rituels qui ne sont qu'un moyen de produire le contact astral nécessaire et de changer l'avenir du sujet – il ne faut pas oublier que celui-ci garde toujours son libre arbitre – peu importe les aspects à la naissance.

L'ascendant astral détermine les attractions fatales et la forme du corps astral[1].

Pour se mettre à l'abri des sortilèges ou pour utiliser, à leur maximum, les possibilités heureuses que l'homme a apportées en venant ou en revenant sur Terre, il agira magiquement sur son ascendant astral. De nombreuses études ont démontré que l'ascendant dans le ciel, au moment de la mort, sera celui de la naissance du sujet, lors de sa réincarnation.

L'ascendant astral est le résultat de toutes les influences astrales que l'homme apporte en naissant. L'ascendant astrologique, lui, correspond à la maison I et représente le physique. Toute planète qui se trouve dans l'ascendant à la naissance, tout en ayant une influence déterminante dans la carte du ciel, influencera directement et plus fortement le sujet.

---

1. Voir cours sur la kabbale ainsi que le cours sur l'aura et les chakhras du Centre ésotérique Van Chatou.

Pour faire de la magie[2] professionnellement, il est nécessaire de connaî-tre l'astrologie, d'avoir de bonnes connaissances de la numérologie, du tarot, de la kabbale et de connaître les anges. Afin de vous permettre de faire adéquatement vos talismans, vous trouverez dans ce chapitre des notions importantes et nécessaires à leur fabrication.

2. Voir cours sur la magie blanche et l'Atelier du développement de la voyance du Centre ésotérique Van Chatou.

Les génies sidéraux

C'est la connaissance de l'astrologie magique qui permet de se mettre en rapport avec les génies sidéraux et d'utiliser leurs influences pour combler les désirs de l'homme ou, au contraire, le préserver des mauvais aspects.

Les quatre éléments du cosmos, le feu, l'air, l'eau et la terre, constituent les génies sidéraux les plus puissants pour mettre l'homme en rapport avec le fluide astral et pour réussir à les gouverner.

Le génie du feu

Le génie du feu possède une nature élevée, de l'ardeur, du courage; il ne craint rien, il mène les choses rondement. Il est capable de colère, de violence. Il est despote, tyrannique, brutal, et sa nature est extravertie.

Il gouverne la chaleur et la sécheresse, qualité élémentaire qui permet de résumer les attributs du feu.

Les actions de la chaleur: elle apporte la mobilité, l'expansion et la vitalité. Elle est la manifestation de la force vitale répandue dans le cosmos. Son principe repose sur le dynamisme, la stimulation, l'impulsivité, la spontanéité. Il est ardent. Il agit sur le cœur, le corps et l'esprit.

La chaleur:

- apporte de l'activité, de l'entrain, de la vivacité;
- incline à suivre ses impulsions;
- rend l'homme décidé et courageux;
- fortifie l'esprit d'entreprise;
- donne de l'enthousiasme, de l'ambition;
- stimule le cœur et les mouvements de l'âme;
- incite à l'extériorisation et à donner plus qu'à recevoir;
- rend le moral rayonnant.

Le génie de l'air

Le génie de l'air est celui de la mobilité, du déplacement. Il s'adapte à toutes les circonstances, ses réactions cérébrales sont spontanées, ses réflexes rapides, les mouvements de l'âme vifs, changeants. Il rend les attachements faciles, il se donne et se reprend avec facilité ; il n'est ni un facteur de durée ni un élément de pensée définitive. L'air est compressible et se modèle sur la volonté d'autrui dans lequel il se fond.

Le génie de l'air gouverne sur l'humidité et sur la chaleur qui permet de résumer ainsi les attributs de l'air.

Les actions de l'humidité : elle apporte de la fluidité et de l'élasticité ; elle tend à assouplir et à relâcher. C'est l'élément de la matérialisation et de la diffusion de la force vitale, du magnétisme par les fluides.

L'humidité :

- constitue le support de la chaleur dans l'œuvre de la génération ;
- est le principe plastique et modérateur ;
- est d'essence féminine ;
- produit l'adaptation : la souplesse, la soumission et la polyvalence.

Sous l'influence du génie de l'air, les manifestations psychiques sont excitées par des manifestations extérieures, des reflets, des empreintes.

L'humidité apporte de la douceur, de la délicatesse, de la rêverie ; elle incline au besoin de s'attacher à quelqu'un et à se modeler sur autrui. La nature de l'humidité est impressionnable ; elle excite l'imagination, la mémoire, les qualités passives : intuition, adaptation, assimilation et croyance.

Le génie de l'eau

Le génie de l'eau ne peut supporter la contrainte ; il est indiscipliné et vagabond, sa résistance passive, sa soumission apparente. Sa défense est la fuite.

Il gouverne le froid et l'humidité qui, elle, amollit la rigidité du froid.

Le froid :

- apporte la concentration et la cohésion ;
- est le principe de la contraction, de la coagulation, de la condensation, de la frigidité ;
- ramène les choses vers soi ;
- a une action centripède ;
- ralentit et arrête les phénomènes de la vie ;
- est la réaction ;

- est un facteur d'inertie, d'impassibilité, de froideur ;
- durcit l'âme et le corps.

Le froid permet d'absorber, de retenir, de juguler les possibilités d'autrui comme de rester maître de soi pour que la peur, la crainte et le découragement ne puissent s'emparer de son âme.

Le génie de l'eau caractérise à la fois l'inconstance et l'entêtement, l'apathie et la mobilité, le caprice et l'idée fixe. L'eau n'est pas compressible : on peut en changer la surface, mais jamais le volume.

Le génie de la terre

Le génie de la terre a le comportement le plus proche de celui des humains. C'est le principe positif qui matérialise la pensée-force du génie du feu, la pensée-aimante du génie de l'air et l'idée-forme du génie de l'eau.

Il est le facteur du solide et du réel. Sa nature est laborieuse et endurante, exclusive, orgueilleuse et entêtée, peu perméable aux courants extérieurs, centripède et conservatrice.

Il gouverne sur le sec et sur le froid qui permet ainsi de résumer les attributs de la terre.

Le sec :

- apporte de la tension et de la rigidité ;
- consiste à dessécher, à durcir, à tendre et à raidir ;
- est le principe de l'irritation continuelle ;
- enflamme ou inflamme avec le chaud ;
- fixe ou retient, violente et contraint avec le froid.

Le sec produit toujours un excès dans ses manifestations, il tranche toujours et ne dénoue jamais ; il brandit ainsi, comme tout ce qui est trop tendu, la menace continuelle de rupture, de chute, de coups.

Le sec donne une intention de domination, d'effort violent et immodéré ; il est un facteur de volonté, de dureté, d'inflexibilité, de tyrannie, d'absolu et d'exclusivité.

Le génie de la terre fixe et fait durer les choses matérielles.

	Signe		Planète
FEU			
sec, chaud, violent	bélier ♈	mobile, combattif, tyrannique	MARS ♂
sec, chaud, vital	lion ♌	stérile, expansif, tyrannique	SOLEIL ☉
chaud, sec, vital	sagittaire ♐	fécond, passionné, défensif	JUPITER ♃
AIR			
chaud, humide, double	gémeaux ♊	instable, affectif, intuitif	MERCURE ☿
chaud, humide, mobile	balance ♎	affectif, pacifique, inventif	VENUS ♀
humide, chaud, doux	verseau ♒	intuitif, complexe, instable	SATURNE ♄
EAU			
froid, humide, mobile	cancer ♋	instinctif, inerte, conservateur	LUNE ☽
humide, froid, passif	scorpion ♏	fécond, tortueux, destructeur	MARS ♂
humide, froid, double	poissons ♓	fécond, instinctif, passif	JUPITER ♃
TERRE			
froid, sec, lourd	taureau ♉	fixe, égocentrique, sensuel	VENUS ♀
sec, froid, double	vierge ♍	stérile, réceptif, sensuel	MERCURE ☿
sec, froid, violent	capricorne ♑	stérile, circonspect, anarchique	SATURNE ♄

Les génies planétaires

Il existe sept génies planétaires qui dépendent des génies des éléments ; cinq sont diurnes quand ils dépendent du feu ou de l'air, ou nocturnes quand ils dépendent de la terre ou de l'eau.

Mars :	diurne, génie planétaire qui dépend du feu ;
Mars :	nocturne, génie planétaire qui dépend de l'eau.
Jupiter :	diurne, génie planétaire qui dépend du feu ;
Jupiter :	nocturne, génie planétaire qui dépend de l'eau.
Saturne :	diurne, génie planétaire qui dépend de l'air ;
Saturne :	nocturne, génie planétaire qui dépend de la terre.
Mercure :	diurne, génie planétaire qui dépend de l'air ;
Mercure :	nocturne, génie planétaire qui dépend de la terre.
Vénus :	diurne, génie planétaire qui dépend de l'air ;
Vénus :	nocturne, génie planétaire qui dépend de la terre.

Il y a également deux autres génies planétaires appelés le génie planétaire du jour (le Soleil est alors sous la dépendance du génie du feu) et le génie planétaire de la nuit (la Lune est alors sous la dépendance du génie de l'eau).

Ces deux génies de jour et de nuit sont appelés luminaires. Ils représentent la dualité, le principe mâle et le principe femelle, l'émanation possible du bien et du mal, la vérité et l'erreur, la volonté et l'imagination, la pensée-force et l'idée-forme.

Mercure synthétise les attributs de la Lune et du Soleil, c'est un principe neutre. Si le Soleil est le père, la Lune sera la mère et Mercure deviendra l'enfant. Mercure n'est ni bon ni mauvais, puisque ce génie planétaire permet le libre choix entre le bien et le mal ; il accorde le savoir et l'entendement. C'est le savoir. Lorsqu'il est diurne, il fait appel à la perception, à la compréhension, à l'intelligence, au mental, à l'art pratique, à l'économie, à l'éloquence, à la sociologie, à l'ingéniosité. Lorsqu'il est nocturne, il fait appel à la mémoire et au jugement, au savoir-faire et à la ruse, aux transactions commerciales, à la diplomatie, au vol.

Vénus découle du génie planétaire du jour, le Soleil. La pensée (Soleil) domine la réalisation (la croix). C'est l'harmonie. Lorsqu'il est diurne, ce génie planétaire représente l'amour spirituel, l'espérance, la quiétude, la domination de l'esprit sur la matière, de l'âme sur le corps. Lorsqu'il est nocturne, ce sont les plaisirs sensuels, l'abandon et la passion, les organes génitaux, l'absorption et la nutrition, le sensualisme artistique.

Mars découle du génie planétaire du jour, le Soleil, qui est la réalisation de la pensée. C'est la puissance. Lorsqu'il est diurne, ce génie planétaire représente la puissance d'impulsion, la domination, l'indépendance individuelle, la résistance, le mouvement. Lorsqu'il est nocturne, c'est la fatalité, le destin, le despotisme, la tyrannie, la colère, la destruction, le travail, la contrainte.

Saturne découle du génie planétaire de la nuit, la Lune. C'est la sagesse. Lorsqu'il est diurne, ce génie planétaire représente la concentration, la résistance et la volonté, la longévité, la stabilisation, l'hérédité et les héritages, les biens fonciers. Lorsqu'il est nocturne, c'est l'inertie, la stagnation, les incommodités, la misère physiologique et la pauvreté, la froideur, l'égoïsme, la lenteur.

Jupiter découle du génie planétaire de la nuit, la Lune. C'est le pouvoir. Lorsqu'il est diurne, ce génie planétaire représente la puissance régulatrice, la réalisation, la sagesse, l'agent de la providence. Lorsqu'il est nocturne, c'est le bien-être matériel, la religiosité, les négociations, la politique, les finances.

Le Soleil, diurne et génie planétaire du feu, représente la pensée. C'est la vie physique, l'activité, la volonté, la force vitale, la pensée créatrice, la gloire, les honneurs.

La Lune, nocturne et génie planétaire de l'eau, symbolise la vie physique végétative, l'imagination, les qualités réceptives, la mobilité, l'épouse et le foyer.

Les génies planétaires, lorsque diurnes, aident volontiers l'homme et ne peuvent pas seconder des œuvres de nuisance.

Uranus et Neptune, des planètes découvertes beaucoup plus tard, dépendent respectivement de l'air et de l'eau. Ils gouvernent le Verseau et les Poissons.

La représentation graphique du génie du jour est le cercle ; celle du génie de la nuit, le demi-cercle ou la demi-lune. Les génies des éléments sont représentés par la croix.

La représentation graphique des cinq premiers génies planétaires est en rapport avec ce cercle ou ce demi-cercle et la croix des éléments.

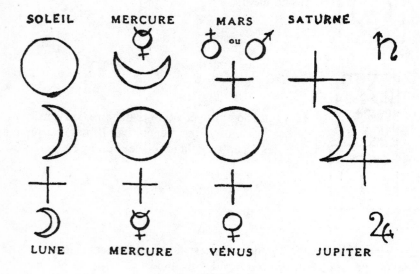

Les génies zodiacaux

Il y a 12 génies zodiacaux qui dépendent à la fois des éléments et des génies planétaires. Six de ces génies sont dits nocturnes et dépendent des génies sidéraux inférieurs terre ou eau. Les six autres sont dits diurnes et dépendent des génies sidéraux supérieurs feu et air.

Bélier: génie diurne, dépend du feu et de Mars;
Taureau: génie nocturne, dépend de la terre et de Vénus;
Gémeaux: génie diurne, dépend de l'air et de Mercure;
Cancer: génie nocturne, dépend de l'eau et de la Lune;
Lion: génie diurne, dépend du feu et du Soleil;
Vierge: génie nocturne, dépend de la terre et de Mercure;
Balance: génie diurne, dépend de l'air et de Vénus;
Scorpion: génie nocturne, dépend de l'eau et de Mars;
Sagittaire: génie diurne, dépend du feu et de Jupiter;
Capricorne: génie nocturne, dépend de la terre et de Saturne;
Verseau: génie diurne, dépend de l'air et d'Uranus;
Poissons: génie nocturne, dépend de l'eau et de Neptune.

Ces génies zodiacaux sont en pleine affinité avec le Soleil, lorsqu'ils sont diurnes, et subissent en même temps les influences de la Lune lorsqu'ils sont nocturnes.

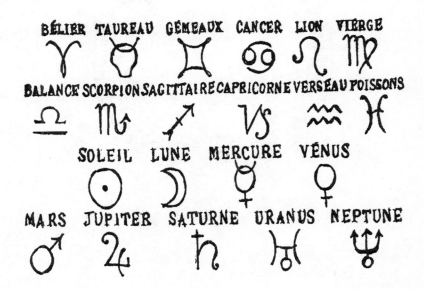

Chaque génie influence un mois de l'année en particulier et occupe 30°
dans la roue zodiacale. Les 10 premiers degrés correspondent au premier décan, les 10 degrés suivants au deuxième décan et les 10 derniers
degrés du signe au troisième décan. Chaque décan est régi par un guide
appelé ange gardien ou ange de lumière[3].

Bélier: du 21 mars au 20 avril;
Taureau: du 21 avril au 20 mai;
Gémeaux: du 21 mai au 21 juin;
Cancer: du 22 juin au 23 juillet;
Lion: du 24 juillet au 23 août;
Vierge: du 24 août au 22 septembre;
Balance: du 23 septembre au 21 octobre;
Scorpion: du 22 octobre au 21 novembre;
Sagittaire: du 22 novembre au 20 décembre;
Capricorne: du 21 décembre au 20 janvier;
Verseau: du 21 janvier au 19 février;
Poissons: du 20 février au 20 mars.

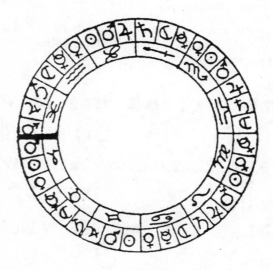

Les décans

---

3.   Voir cours sur les anges de lumière et le cours sur la kabbale du Centre ésotérique
      Van Chatou.

L'influence des génies zodiacaux est directement liée à la marche apparente du Soleil. Cet astre monte de 15° à l'horizon en une heure, c'est-à-dire que toutes les heures, il traverse un signe zodiacal. C'est à midi que le Soleil et le signe qu'il occupe, selon la période de l'année, se rencontrent sur le méridien.

On dit qu'un génie zodiacal domine lorsqu'il occupe le haut du ciel (MC). C'est à ce moment que son influence agit au maximum et c'est pendant ces deux heures qu'il faut œuvrer pour obtenir sa bienveillance.

Tous les talismans compensateurs, établis d'après le mois de naissance, doivent être formés pendant les passages du signe occupé par le Soleil, au méridien supérieur, et le zodiaque qui sera dessiné aura le signe du mois en haut du talisman.

Exemple: Le 8 septembre, on vous demande de construire un pentacle ou un talisman pour une personne qui est née avec le Soleil aux Poissons. Il faut trouver l'heure à laquelle vous pourrez travailler à ce pentacle pour que le signe des Poissons occupe le haut du ciel.

Lorsque le Soleil dans le signe des Poissons arrive au MC, il est précisément 20:50 ce 8 septembre. Il quittera le signe à 0:40. Vous devrez donc travailler entre 20:50 et 0:40 sur le talisman.

Les génies planétaires des heures

Depuis l'Antiquité, les mages consacrèrent les 24 heures qui séparent deux levers du Soleil aux génies planétaires.

Le temps qui sépare le lever du Soleil de son coucher dépend de l'astre du jour, et le temps qui sépare le coucher du Soleil de son lever est gouverné par le génie planétaire de la nuit, la Lune.

Le jour, période où l'on voit clair, est gouverné par le Soleil; la nuit, période où il fait noir, est gouvernée par la Lune.

Le jour, c'est-à-dire le temps qui s'écoule entre le lever et le coucher du Soleil, est divisé en 12 heures; la nuit, c'est-à-dire le temps qui s'écoule entre le coucher et le lever du Soleil, est partagée également en 12 heures.

Ces 24 heures, qui séparent deux levers consécutifs du Soleil, dépendent chacune d'un génie planétaire selon l'ordre suivant: Saturne, Jupiter, Mars, Soleil, Vénus, Mercure, Lune.

Chaque jour de la semaine dépend d'un génie planétaire:

- Saturne domine le samedi;
- Jupiter domine le jeudi;
- Mars domine le mardi;
- Le Soleil domine le dimanche;
- Vénus domine le vendredi;
- Mercure domine le mercredi;
- La Lune domine le lundi.

Trois ou quatre mille ans avant notre ère, les mages avaient déjà rangé les planètes selon l'ordre de leur vitesse: Lune, Mercure, Vénus, Soleil, Mars, Jupiter et Saturne.

Chacune des planètes fut, en respectant l'ordre de leur vitesse, placée sous la gouverne d'un génie planétaire.

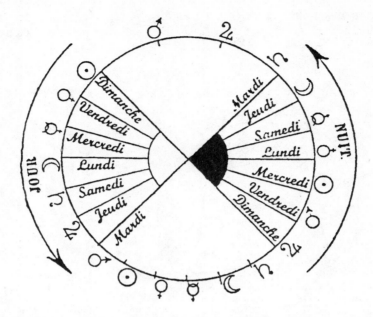

Chaque heure du jour ou chaque heure de la nuit est dominée par l'influence d'un génie planétaire. La première heure commence au lever du Soleil et porte le nom de la planète qui gouverne le jour: le samedi, la première heure est saturnienne, le lundi, lunaire, etc. Les autres heures, en partant de celle qui influence le jour, sont dominées chacune par un génie planétaire, en suivant l'ordre inverse de la vitesse des révolutions planétaires: Saturne, Jupiter, Mars, Soleil, Vénus, Mercure, Lune. La révolution solaire est, naturellement, celle de la Terre.

Par la suite, en conservant l'ordre établi, chaque jour de chaque semaine fut sous l'influence d'un génie planétaire. Enfin, toujours en respectant le même ordre, le temps écoulé entre deux levers consécutifs du Soleil fut également consacré aux génies planétaires.

L'ordre des jours: lundi (Lune), mardi (Mars), mercredi (Mercure), jeudi (Jupiter), vendredi (Vénus), samedi (Saturne) provient des lunaisons[4].

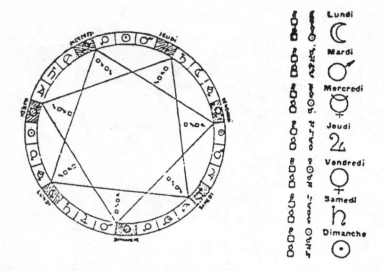

Si, à la première pleine lune, on subit l'influence de la Lune, la suivante dépendra de Mars (mardi), la troisième sera gouvernée par Mercure, et ainsi de suite. Après deux mois lunaires, l'ordre des jours de la semaine est établi – cet ordre existait chez tous les peuples.

Les anciens Égyptiens donnaient à chacune des 24 heures d'une journée le nom d'un génie planétaire en suivant l'ordre inverse de la vitesse des planètes. La première heure de la journée est celle qui commence au lever du Soleil, suivant la latitude du lieu de chacun, et la dernière est celle qui préside l'heure avant le lever suivant. Comme le décalage de temps entre plusieurs levers solaires successifs ne varie que fort peu, on considère toutes les journées égales à 24 heures.

Voici l'ordre des génies planétaires qui gouvernent les heures: Saturne, Jupiter, Mars, Soleil, Vénus, Mercure, Lune. C'est, en réalité, l'ordre des 36 décans du zodiaque.

---

4.   Voir rituels de chaque jour du Centre ésotérique Van Chatou.

Les talismans zodiacaux

1. Bélier

Premier signe du zodiaque. Signe positif, de feu, cardinal, angulaire, masculin et diurne.

Le Soleil transite le signe entre le 21 mars et le 20 avril. Sa planète maîtresse est Mars. Ce signe caractérise le renouveau et l'impulsion, et symbolise le dynamisme. Sa couleur est le rouge.

Le Bélier est sous la protection de Vehuiah et Jeliel pour le premier décan, Sitael et Elemiah pour le deuxième et Mahasiah et Lelahel pour le troisième.

Sous ces protections, on retrouve les champions, les chefs, l'énergie futuriste ou d'avant-garde. C'est le travail de la terre, des constructions, du bâtiment et des activités minières. C'est aussi la philosophie, les sciences abstraites, la pacification, l'énergie naturelle, l'histoire, l'écologie, la protection de la nature. Ce sont les professions libérales, les hautes sciences, l'art et le magnétisme.

Le Bélier régit la tête et ses organes, les glandes sexuelles masculines, les organes génitaux, la rate et les artères. Il a un tempérament bilieux.

Le talisman de la réussite et de la santé

Ce talisman aide la venue des gains par le travail et la profession; il donne des satisfactions matérielles constantes. Il combat le découragement et les désillusions sur le plan intime et rend les amours plus sereines.

Il améliore les troubles congestifs, protège des brûlures et des méningites. Il combat les débordements bilieux, les maux hépathiques et rénaux.

Il protège des imprudences, des périls et des blessures dans les combats, des accidents et de la mort violente.

2. Taureau

Deuxième signe du zodiaque. Signe négatif, de terre, fixe, succédente, féminin et nocturne.

Le Soleil transite le signe entre le 21 avril et le 20 mai. Sa planète maîtresse est Vénus. Il caractérise la possessivité et symbolise la jalousie et la patience. Sa couleur est le bleu ciel.

Le Taureau est sous la protection de Achaiah et Cahetel pour le premier décan, Haziel et Aladiah pour le deuxième et Lauviah I et Hahaiah pour le troisième.

Sous ces protections, on retrouve les agriculteurs, les métiers qui se pratiquent sous terre, les médecins, les professeurs, les savants et les écrivains. C'est la nature, la protection et l'occultisme.

Le Taureau régit la gorge et le cou, la glande thyroïde, les glandes sexuelles féminines, la circulation du sang et les veines. C'est un tempérament nerveux.

Le talisman d'argent et d'amour

Ce talisman favorise le succès dans la voie choisie. Il matérialise financièrement les désirs et donne des idées payantes. Il active les conceptions artistiques et les rend productives sur le plan financier. Il transforme les amours platoniques en amours physiques.

Il protège des excès et des fureurs contenues, des refoulements et des entêtements néfastes.

Il combat la crainte de la mort.

3. Gémeaux

Troisième signe du zodiaque. Signe positif, d'air, double, mutable, cadente, masculin et diurne.

Le Soleil transite le signe entre le 21 mai et le 21 juin. Sa planète maîtresse est Mercure. Il caractérise la providence et symbolise l'intellectualisme. Sa couleur est le vert clair.

Les Gémeaux sont sous la protection de Yezalel et Mebahel pour le premier décan, Hariel et Hekamiah pour le deuxième, et Lauviah 2 et Caliel pour le troisième.

Sous ces protections, on retrouve la justice, l'écriture, la communication, l'exorcisme, le secourisme, les arts, la littérature, l'armée, la politique, les religions.

Les Gémeaux régissent les épaules, les bras, les poumons et le système nerveux. C'est un tempérament sanguin.

Le talisman des études et des créations littéraires

Ce talisman apporte l'appui de la Providence, il éloigne les inimitiés et les jalousies professionnelles, car il rend sympathique et sait se faire aimer de son entourage.

Il facilite les études, les efforts intellectuels; il développe l'intuition et la compréhension. Il permet de se sortir des complications les plus embrouillées, sans heurt ni violence.

Il protège de l'instabilité professionnelle ou sentimentale, des troubles nerveux, des névralgies, de l'asthme.

4. Cancer

Quatrième signe du zodiaque. Signe négatif, d'eau, angulaire, féminin et nocturne.

Le Soleil transite le signe entre le 22 juin et le 23 juillet. Sa planète maîtresse est la Lune. Il caractérise la volonté et symbolise l'harmonie et la famille. Sa couleur est l'argent.

Le Cancer est sous la protection de Leuviah et Pahaliah pour le premier décan, Nelchael et Yeiayel pour le deuxième, et Melahel et Haheuiah pour le troisième.

Sous ces protections, on retrouve l'agriculture, la marine, l'électronique, la religion, la théologie, le commerce, les arts, la science, la poésie, la protection et les plantes médicinales.

Le Cancer régit l'appareil digestif, la poitrine, le système lymphatique et tout ce qui a un rapport avec le psychisme. C'est un tempérament lymphatique.

Le talisman de la chance pure

Ce talisman concrétise tous les désirs, permet à un événement inattendu et heureux de faire tourner la roue dans le bon sens. Il aide à la venue de l'harmonie, ou la maintient, entre les conjoints ou les associés.

Il apporte le bien-être au foyer et la paix, sinon l'amour.

Il facilite les transactions immobilières quant aux biens laissés par un héritage et accroît le patrimoine.

Il protège des obsessions, des idées fausses, de l'envoûtement, des troubles stomacaux, des pertes de mémoire et de l'impuissance.

5. Lion

Cinquième signe du zodiaque. Signe positif, de feu, fixe, succédente, masculin et diurne.

Le Soleil transite le signe entre le 24 juillet et le 23 août. Sa planète maîtresse est le Soleil. Il caractérise la vitalité et symbolise la puissance et les honneurs. Sa couleur est l'or.

Le Lion est sous la protection de Nith-Haiah et Haaiah pour le premier décan, Yeratel et Seheiah pour le deuxième, et Reiyel et Omael pour le troisième.

Sous ces protections, on retrouve la sagesse, l'ésotérisme, la politique, le courrier, le cosmos, la littérature, la justice, les sciences, les arts, la médecine, le feu, la philosophie, les discours, la prière, la chimie, la reproduction, l'élevage, les animaux, l'anatomie.

Le Lion régit le cœur, la colonne vertébrale, les yeux et tout le potentiel vital. C'est un tempérament bilieux.

Le talisman d'action et de réalisation

Ce talisman accorde la faveur des puissants, les honneurs et la renommée.

Il fait triompher dans les luttes contre les hommes ou le destin. Il comble les désirs les plus ambitieux à une plus ou moins longue échéance, selon les possibilités natales de celui qui le porte.

Il augmente la vitalité et la virilité, et donne du magnétisme attractif.

Il met à l'abri de la tyrannie et de la violence.

Il combat les gastralgies, les douleurs intercostales, les fièvres et les troubles de la vue.

6. Vierge

Sixième signe du zodiaque. Signe négatif, de terre, mutable, cadente, féminin et nocturne.

Le Soleil transite le signe entre le 24 août et le 22 septembre. Sa planète maîtresse est Mercure. Il caractérise le cérébral et symbolise la compréhension et la minutie. Sa couleur est le vert.

La Vierge est sous la protection de Lecabel et Vasariah pour le premier décan, Yehuiah et Lehahiah pour le deuxième, et Khavakiah et Menadel pour le troisième.

Sous ces protections, on retrouve l'agriculture, l'astronomie, les mathématiques, la justice, les associations philanthropiques, la paix, les responsabilités gouvernementales, l'astrologie, les successions, les réconciliations et le travail en général.

La Vierge régit l'appareil gastro-intestinal et le système nerveux. C'est un tempérament nerveux.

Le talisman d'appui moral et matériel ainsi que du travail

Ce talisman modifie le comportement de celui qui le porte dans un sens propice à la réalisation de ses désirs. Il diminue les contraintes physiques et rend les efforts moins pénibles.

Il permet aux démarches professionnelles et aux déplacements d'être lucratifs ; il harmonise les rapports entre employé et employeur.

Il met à l'abri des pertes et des vols par les employés, tout comme il protège les troupeaux et les animaux domestiques.

Il préserve des maladies contagieuses et des mésententes professionnelles.

7. Balance

Septième signe du zodiaque. Signe positif, d'air, cardinal, angulaire, masculin et diurne.

Le Soleil transite le signe entre le 23 septembre et le 23 octobre. Sa planète maîtresse est Vénus. Il caractérise l'art et symbolise l'équilibre et la beauté. Sa couleur est le bleu.

La Balance est sous la protection de Aniel et Haamiah pour le premier décan, Rehael et Yeiazel pour le deuxième, et Hahahel et Mikael pour le troisième.

Sous ces protections, on retrouve la science, l'art, la nature, la religion, la foudre, les animaux féroces, la médecine, l'imprimerie, la librairie, le dessin, les écrivains, les religions, le sacerdoce et la politique.

La Balance régit les reins, la vessie, la glande thyroïde, les glandes sexuelles féminines, la circulation du sang et les veines. C'est un tempérament nerveux.

Le talisman d'amour et de chance

Ce talisman donne à son porteur la possibilité d'aimer et d'être aimé, comme il lui donne le désir de vivre en paix avec ses semblables. Il rend le destin clément.

Il met à l'abri des voleurs et des escrocs, des complications judiciaires ou juridiques. Il permet d'éviter les procès ou de les faire gagner.

Il accroît les biens venant d'héritage et les dons de protecteurs. Il éloigne la mort violente ou accidentelle et fait rester jeune longtemps.

Il protège du divorce et des pertes de popularité.

8. Scorpion

Huitième signe du zodiaque. Signe négatif, d'eau, fixe, succédente, féminin et nocturne.

Le Soleil transite le signe entre le 24 octobre et le 22 novembre. Ses planètes maîtresses sont Pluton et Mars. Il caractérise la responsabilité et symbolise la protection et la famille. Sa couleur est le rouge.

Le Scorpion est sous la protection de Veuliah et Yelahiah pour le premier décan, Sealiah et Ariel pour le deuxième, et Asaliah et Mihael pour le troisième.

Sous ces protections, on retrouve les militaires, l'armée, les armes, les voyages, l'atmosphère, la végétation, la médecine, la recherche, les inventions, la justice, l'engendrement et l'union.

Le Scorpion régit les organes génitaux, le rectum, les glandes sexuelles masculines, la rate et les artères. C'est un tempérament lymphatique.

Le talisman de protection
contre les maléfices et le mauvais sort

Ce talisman protège de la maladie en augmentant la vitalité et la résistance psychique. Il est le soutien moral qui permet de dominer sur tout genre d'association et tout genre de lutte. Il éloigne la tromperie.

Il donne du sang-froid et augmente la rapidité des réflexes. Il permet de sentir d'où vient le danger et retourne les menaces contre leurs auteurs.

Il protège des violences, de la méprise et du mépris, des amitiés feintes.

Il combat les difficultés d'élocution, les troubles de l'appareil reproducteur, les maladies de la prostate, les empoisonnements de l'esprit et du corps.

9. Sagittaire

Neuvième signe du zodiaque. Signe positif, de feu, mutable, cadente, masculin et diurne.

Le Soleil transite le signe entre le 23 novembre et le 21 décembre. Sa planète maîtresse est Jupiter. Il caractérise l'art et symbolise l'équilibre et la beauté. Sa couleur est le violet.

Le Sagittaire est sous la protection de Vehuel et Daniel pour le premier décan, Hahasiah et Imamiah pour le deuxième, et Nanael et Nithael pour le troisième.

Sous ces protections, on retrouve la littérature, la diplomatie, la jurisprudence, l'éloquence, la justice, la chimie, la physique, la médecine, les végétaux, les animaux, les minéraux, les voyages, le professorat, la magistrature, la justice, les religions, l'écriture, les dynasties et les têtes couronnées.

Le Sagittaire régit les hanches, les cuisses, le foie et la vésicule biliaire. C'est un tempérament bilieux.

Le talisman d'ascension et de richesse

Ce talisman aide à l'avancement, accorde des protections et des passe-droits, et met sur la voie de la réussite. Il facilite l'élocution et permet de triompher sur ses ennemis ou ses amis politiques.

Il donne une souplesse morale qui fait qu'on se trouve à sa place dans tous les milieux.

Il protège des atteintes à la respectabilité, des entraves professionnelles, des imprudences morales ou physiques, des accidents de chasse ou de locomotion.

10. Capricorne

Dixième signe du zodiaque. Signe négatif, de terre, cardinal, angulaire, féminin et nocturne.

Le Soleil transite le signe entre le 22 décembre et le 20 janvier. Sa planète maîtresse est Saturne. Il caractérise la longévité et symbolise la maîtrise, la solitude et la volonté. Sa couleur est le gris.

Le Capricorne est sous la protection de Mebahiah et Poyel pour le premier décan, Nemamiah et Yeyalel pour le deuxième, et Harahel et Mitzrael pour le troisième.

Sous ces protections, on retrouve les religions, la morale, la fécondité, la philosophie, la voix, l'orthophonie, les états militaires, la médecine, les yeux, le fer, les archives, la bibliothèque, les livres, les fonds publics et la médecine mentale.

Le Capricorme régit les genoux, les jambes, les os, les parathyroïdes, la minéralisation de l'organisme. C'est un tempérament nerveux.

Le talisman de longévité et de santé

Ce talisman fortifie la volonté et donne autant de maîtrise sur soi que sur les autres. C'est un talisman de commandement et d'autorité, celui du chef solitaire qui ne compte que sur lui et qui veut arriver.

Il aide à vivre aussi longtemps que les possibilités natales le permettent.

Il rend la vieillesse lucide et en éloigne les incommodités physiques qui l'accompagnent habituellement.

Il protège du découragement dans les luttes difficiles, des accidents, des chutes et des mauvais coups.

11. Verseau

Onzième signe du zodiaque. Signe négatif, d'air, fixe, succédente, masculin et diurne.

Le Soleil transite le signe entre le 21 janvier et le 19 février. Ses planètes maîtresses sont Uranus et Saturne. Il caractérise le renouveau et symbolise la transformation et le progrès. Sa couleur est le bleu clair.

Le Verseau est sous la protection de Umabel et Iah-Hel pour le premier décan, Anauel et Mehiel pour le deuxième, et Damabiah et Manakel pour le troisième.

Sous ces protections, on retrouve la musique, l'astronomie, la physique, la philosophie, la sagesse, la médecine, le commerce, les banques, l'imprimerie, l'écriture, l'orateur, le professorat, l'eau, la mer, la perception extrasensorielle, le milieu aquatique et le sommeil.

Le Verseau régit les chevilles, les os, la minéralisation de l'organisme. C'est un tempérament sanguin.

Le talisman d'amour et de recherche

Ce talisman rend le destin clément. Il équilibre l'esprit, le cœur et les sens. Il aide à voir les bonnes choses comme on les désire et en facilite la venue.

Il est attractif et développe le charme sensuel. Ceux qui désirent plaire y parviennent en le portant.

Il contribue à la venue d'appuis, de faveurs et de sympathie en général. Il fait retrouver ce qu'on croyait perdu.

Il améliore la fin de la vie et sa durée. Il protège des machinations, des maléfices, des tromperies sentimentales et de la médisance.

12. Poissons

Douzième signe du zodiaque. Signe négatif, d'eau, mutable, cadente, féminin et nocturne.

Le Soleil transite le signe entre le 22 février et le 20 mars. Ses planètes maîtresses sont Neptune et Jupiter. Il caractérise l'observation et symbolise le mystérieux et l'occultisme. Sa couleur est le mauve.

Les Poissons sont sous la protection de Ayael et Habuhiah pour le premier décan, Rochel et Yabamiah pour le deuxième, et Haiaiel et Mumiah pour le troisième.

Sous ces protections, on retrouve les hautes sciences, la conservation des monuments, la médecine, l'agriculture, l'odorat, la justice, la magistrature, les lois, la vue, le génie, la biologie, le goût, l'engendrement, la philosophie, les états militaires, le fer, l'audition, le toucher, la chimie et le physique.

Les Poissons régissent les pieds, le foie et la vésicule biliaire. C'est un tempérament lymphatique.

Le talisman de protection et de chance

Ce talisman redonne confiance en soi et remet naturellement sur la bonne voie. Il facilite les choses en les libérant de leurs contraintes physiques ou morales.

Il sauvegarde des dangers inconnus venant des hommes et des éléments.

Il développe l'intuition et la mémoire, et fait découvrir les ennemis cachés. Il guérit de l'angoisse et de la crainte du lendemain.

Il combat les insomnies, les maladies de la peau, les affections purulentes et les troubles mal définis.

CHAPITRE IV

La purification et la consécration

Avant d'utiliser un talisman, il faut le purifier et le consacrer.

L'opération de purification est très simple. Après avoir découpé le parchemin de la grandeur désirée pour le talisman, il faut le passer plusieurs fois consécutives dans la fumée d'un cône d'encens, qui aura été enflammé à une heure de Mars, de Jupiter ou de Soleil.

Ensuite, il ne reste plus qu'à faire les dessins. Lorsqu'on recopie exactement un graphisme, on peut le faire à n'importe quel moment.

Mais lorsqu'on fait une création, il faut s'en tenir aux règles strictes de l'astrologie magique.

Pour dessiner un talisman, il est nécessaire de toujours utiliser ses propres outils, et non ceux des autres. Lorsqu'il faut changer de couleur d'encre ou de peinture, on doit laver avec beaucoup de précaution, à l'eau, la plume et le pinceau, les essuyer avec un chiffon blanc de toile de fil ou de coton qui aura été préalablement fumigé à l'encens.

Si l'on doit faire plusieurs talismans, il faut se servir d'une table munie d'un verre épais, ou mettre une feuille de papier blanc qui sera changée pour chaque nouveau talisman.

Il ne faut jamais oublier que son efficacité est directement reliée à l'attention et à la conscience qui seront apportées à sa confection, beaucoup plus qu'aux capacités artistiques. Il faut le faire selon les règles, avec confiance, et l'objet magique ainsi fabriqué donnera les résultats qu'on attend de lui.

Si un talisman a été créé par quelqu'un d'autre et qu'il a pu être touché par plusieurs personnes, il est recommandé de recommencer le processus de purification, en même temps que celui de la consécration.

Pour la nouvelle purification, qui sera faite à une heure de jour sous la domination d'un génie planétaire de feu, il faudra allumer un cône d'encens et maintenir le talisman dans la fumée pendant une ou deux minutes, en prononçant lentement et distinctement trois fois la phrase suivante: «Je chasse de ce talisman toute intention contraire à celle qui a été inspirée. Je chasse de ce talisman toute radiation contraire à mon désir.»

Puis, le même jour ou à un autre moment choisi, à une heure du jour propice au but du talisman, il faudra le colorer aux tons qui lui sont propres. Pendant ce travail, il faut penser à la vertu qu'on veut lui donner.

Il faut personnifier le pentacle de façon à ce qu'il devienne réellement personnel au porteur. Il faut alors chercher le nombre sacré de celui qui doit s'en servir et l'inscrire dans le polygone qui lui convient, à l'encre de Chine noire ou avec la couleur qui a servi à peindre le signe zodiacal.

Le talisman est maintenant terminé, il répondra au but recherché s'il a été fait pour notre propre usage.

Par contre, s'il a été fait pour l'usage de quelqu'un d'autre, le créateur doit le consacrer:

• Choisir un jour et un moment favorable, c'est-à-dire un jour pendant lequel l'esprit et le corps connaissent la quiétude;

• Se tourner vers le Sud sidéral. Sur une table portant une glace sans tain ou une feuille de papier blanc, on place le talisman à consacrer. On allume un cône d'encens. On passe les mains, comme si on les savonnait, dans la fumée qui se dégage;

• En regardant le talisman, imposer au-dessus les mains en prononçant, avec toute la volonté et la foi dont on peut faire montre, trois fois la phrase suivante: «Je souhaite... Je désire... Je veux que... (on nomme la personne pour qui on a fait le talisman) obtienne par ce talisman la réalisation de ses désirs.»

Cette phrase doit être dite lentement, posément, en graduant l'intensité entre le souhait, le désir et l'ordre.

Cette phrase peut naturellement être modifiée selon son tempérament et ses convictions. Ce qui importe, c'est d'être convaincu que la pensée-force dont est chargé le talisman, sera bénéfique pour son porteur.

Voici le talisman terminé, il est devenu pour le porteur un objet magique personnel qui attirera les courants sidéraux ou humains qui auront les mêmes affinités que les radiations qu'il émet.

Comment le porteur doit-il l'utiliser?

- C'est un objet strictement personnel qui ne doit être manipulé que par celui qui le porte.

- Il est bon – mais ce n'est pas une nécessité – de l'enfermer dans une petite pochette de tissu de fil ou de coton, de couleur blanche ou d'un coloris se rapprochant de celui du pentacle. Cette pochette a pour unique but de le protéger, mais elle doit être confectionnée par le porteur après en avoir purifié le tissu, comme pour le parchemin, à une heure propice à l'intention. Si la pochette est confectionnée par quelqu'un d'autre, elle devra être purifiée avant d'y enfermer le talisman. Elle ne doit être cousue que sur trois côtés. On peut aussi tout simplement le conserver dans une pochette de plastique qui aura la propriété de ne pas laisser les ondes des personnes, qui pourraient le toucher accidentellement, interférer avec son but.

- Si le talisman a pour but de protéger ou de préserver, il suffit de le porter sur soi, épinglé à un sous-vêtement qu'on quitte pendant les heures de sommeil, la nuit. Il faut prendre garde de ne pas piquer le parchemin en l'épinglant, car seul le tissu le sera.

- Si le talisman a une intention d'action, de combat, d'ambition, il faudra le soutenir par une volition (acte de volonté) et une méditation à une heure propice au désir et, quand cela est possible, le jour. Si les occupations ne le permettent pas, on fera de la méditation sept heures avant ou sept heures après.

La méditation se fait de la façon suivante. Le porteur se met face au sud, trois à quatre minutes, en regardant l'image du talisman. Il pense à l'objet de son désir; il se représente le plus simplement possible ce qu'il veut obtenir ou ce qu'il veut être. Au bout de quelque temps, cette méditation faite régulièrement, mais une seule fois par jour, fera naître des pensées-forces salutaires à la réalisation de l'intention.

Pour ceux qui ont peu de volonté ou qui arrivent difficilement à fixer leur esprit sur une seule chose, la volition et la méditation se trouveront soutenues en brûlant un cône d'encens et en inscrivant le désir ou le but poursuivi chaque fois, d'une écriture lisible et réfléchie, sur une feuille de papier de la couleur dominante du talisman.

Plus un talisman est vieux, plus il a été manié à des heures propices au désir, plus il a été chargé de la même intention, et plus il est efficace.

Il ne faut jamais jeter un talisman détérioré ou un talisman dont on ne se sert plus mais qui a déjà été utilisé: il faut le brûler.

Si un talisman d'action qui a été soutenu de quelque intention a été perdu, on pourra refaire exactement le même, mais en y ajoutant une idée-forme de garde et de protection. La meilleure et la plus simple garde sera de tracer, au verso du nouveau talisman, un pentagramme à l'encre rouge dans lequel sera inscrit à l'encre noire ou de la couleur du talisman, le nombre personnifiant le porteur. Il faut y ajouter, au besoin, un polygone qui a autant d'angles qu'il sera nécessaire pour faire XXI angles, ou un nombre d'angles représentant une idée-forme favorable à l'intention du talisman.

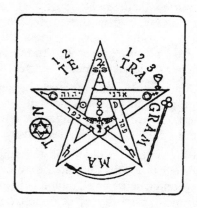

Les couleurs talismaniques

L'état psychique de tous les individus, et plus particulièrement celui des personnes sensibles, se trouve impressionné de manières très différentes par les radiations colorées.

Les teintes fondamentales, c'est-à-dire le rouge, le jaune et le bleu, quand elles sont franches, ont une répercussion très rapide sur le psychisme des personnes très nerveuses ou simplement sensibles.

En magie, le choix des couleurs est primordial dans la confection des talismans et elles doivent être en rapport avec le but qu'on se propose d'atteindre.

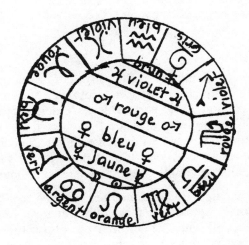

Voici le tableau des correspondances des couleurs des planètes et des signes du zodiaque. Il faudra juger celles qui correspondent à sa naissance ou celles qu'on doit employer dans la confection des talismans.

Bleu

C'est une couleur équilibrante qui tend à modérer les excès et à ramener celui qui en reçoit les radiations vers son tempérament initial.

Elle symbolise la sagesse divine manifestée par la vie. Elle aide à découvrir la vérité et contribue à donner une bonne réputation.

Elle favorise l'assimilation, la nutrition et la circulation. Ses radiations sont propices à la génération.

Bleu foncé : Renforce la résistance passive et les dispositions égoïstes. Cette teinte rend apathique, inconstant et indifférent. Elle est un facteur de chance et préserve des accidents.

Bleu ciel : Protège également contre les blessures et les accidents. Cette teinte accroît la personnalité et l'esprit d'entreprise. Elle facilite la venue de conceptions originales.

Bleu clair : Apporte le calme, la timidité, la prudence. Cette teinte augmente l'optimisme. Elle dissipe la frayeur, la crainte du lendemain ; elle est surtout recommandée pour les jeunes personnes et les enfants. Elle rend les digestions plus aisées et éloigne les cauchemars. Elle calme les crises cardiaques et les mouvements convulsifs.

Rouge

C'est une couleur violente qui excite l'esprit et développe les qualités excentriques ou instinctives : activité, courage, audace, domination, enthousiasme, passions. Elle permet de faire des efforts violents. Le rouge est la couleur de la volonté, de l'amour ; elle donne l'esprit de sacrifice tout comme elle cause l'égoïsme, la lutte, la haine, l'esprit de vengeance. Elle est aussi la couleur de la punition et de la justice. Elle apporte de la vitalité ; elle lutte contre l'anémie ou l'aboulie.

Rouge vif : Augmente l'ironie, donne des réflexes rapides, incite à la lutte, mais rend plus apte à la défense qu'à l'attaque. Cette teinte peut causer le maléfice ; elle entraîne des mouvements bizarrres, inquiétants, dangereux. Le noir sur le rouge sombre forme des idées de haine et de méchanceté.

Vermillon : Est très vital. Cette teinte favorise le savoir-faire et excite l'intelligence ; elle augmente les qualités défensives et la rapidité des réflexes. Elle rend diplomate, tenace et permet d'avoir les gens «à l'usure».

Grenat : Possède à peu près les mêmes propriétés que le vermillon. La tradition veut que cette teinte soit susceptible de favoriser les accouchements. Il est certain qu'elle augmente la résistance nerveuse et rend endurant, sur le plan moral comme sur le plan physique.

Rose : Est une couleur compatissante. Cette teinte incline à la bonté et à l'indulgence ; elle est équilibrante et attractive. Elle aide à faire don de soi-même. Elle prédispose à la volupté, à la gaieté, au farniente. Elle endort et calme. Elle développe le sens artistique et la sensibilité. Les radiations roses combattent les échauffements et les turgescences de la peau.

Jaune

C'est une couleur qui réchauffe, anime, diffuse et exalte. Elle favorise l'effort intellectuel, la science, les études, tout ce qui vient de la pensée ou de l'âme. Elle rend dominateur, juste, appliqué et attractif. Le jaune élève l'esprit, prédispose à la sobriété et à la longévité. Il faut toutefois que le jaune soit chaud, qu'il rappelle l'or, qu'il tire plus sur le rouge que sur le vert. Le jaune or peut être employé dans les affections de la lymphe, quand le tempérament est froid et humide. Il est également indiqué dans les maladies du foie, les troubles venant de la bile. C'est un calmant sexuel; il arrête les dispositions frénétiques.

Orangé: Teinte de jaune qui renferme plus de rouge que le ton or, donne une grande maîtrise sur soi-même et sur les autres. C'est une teinte vitale; elle donne une audace réfléchie, de la constance dans l'effort. Elle calme tout ce qui est excessif. Elle régularise les fonctions circulatoires, fait cesser les douleurs utérines et repose la vue.

Marron: Comme le grenat, le marron augmente la force nerveuse. C'est une teinte médiatrice, subtile, intuitive; elle donne de l'ingéniosité, de l'intellectualité, de la compréhension. Elle développe la perception et l'intuition.

Vert

Les tons de vert sont fort nombreux et, au point de vue du goût, les avis sont partagés. Les tons clairs ont une certaine tendance à diminuer la personnalité ou à féminiser. Les tons foncés augmentent les qualités centripèdes telles que la concentration, l'égoïsme, la prudence.

Symboliquement, le vert traduit la charité, la sagesse, la création, la réalisation, mais il marque aussi la dégradation infernale et la folie.

Vert clair: A beaucoup de similitude avec le bleu clair. C'est une teinte calmante, modératrice. Elle apporte de la timidité, de la retenue, de la pudeur; elle incline l'âme à la quiétude; elle accroît l'amour de la forme et développe le sens artistique. Les états congestifs se trouvent améliorés par les radiations vert clair qui, elles, luttent avec efficacité contre les hémorragies.

Vert tendre: Relâche et détend l'organisme. Cette teinte dispose au sensualisme, fait désirer le bien-être et contribue à sa venue. Elle favorise beaucoup plus la chance, le farniente, l'imagination que l'activité et le travail.

Vert foncé: Resserre, fixe et contracte. Cette teinte donne des dispositions égoïstes; elle rend âpre au gain et accroît les appétits matériels. Elle donne de la vitalité et de la virilité; elle augmente les besoins sensuels. Les verts foncés sont nombreux; ils calment les nerfs, l'épilepsie, les maladies inflammatoires des reins, des membranes muqueuses, de la plèvre.

Gris

Cette teinte va du noir au blanc en prenant des tons divers.

Gris clair: Développe les qualités passives physiques et intellectuelles: inertie, farniente, mémoire, intuition, imagination. Ce sont des teintes reposantes qui facilitent le recueillement et mettent à l'abri des indiscrets et des curieux. Elles protègent contre les risques d'accidents et de blessures.

Gris foncé: Se rapproche du noir. Cette teinte a tendance à stabiliser, à fixer, à contracter. Elle dispose à la respectabilité et à l'austérité, à la patience, à la méthode, à la fidélité. Elle ralentit toutes les fonctions et peut être un élément de durée ou de longévité.

Violet

En partant du pourpre, qui est presque rouge, le violet montre une gamme infinie de tons, tantôt modérateurs quand le bleu domine, tantôt excitants quand le rouge domine.

Mauve: Développe les qualités expansives sans exagération; la bonté est sans faiblesse et l'indulgence n'est pas veulerie. Le violet favorise la parole, corrige ou atténue le bégaiement et combat l'anémie. Cette teinte donne de l'enthousiasme et de la joie de vivre, mais comme le vert, elle augmente la vigueur des appétits et souvent l'égoïsme. C'est une teinte propice aux efforts intellectuels; elle favorise l'ambition. Les radiations désintoxiquent et nettoient l'organisme.

Blanc et noir

Blanc argent: Développe les qualités passives et calme les qualités excentriques; il donne la paix de l'âme. Cette teinte aide aux réconciliations; elle préserve des maléfices, des mauvaises pensées. C'est un facteur de chance pure.

Noir: Fixe les choses et les pensées. C'est un facteur de durée et de constance, de prudence et de sagesse.

Les talismans compensateurs

Un talisman compensateur est un objet magique qui a pour but, comme son nom l'indique, de compenser, tant par le fluide humain de l'opérateur que par le fluide sidéral approprié, les mauvaises influences qui président autour de chaque personne à sa naissance.

Théoriquement, la réalisation d'un talisman compensateur est facile.

On cherche, d'après le ciel de naissance, les génies planétaires qui, dans le cours de l'existence, sont susceptibles d'entraver le comportement harmonique du sujet.

Comme on ne peut les empêcher d'agir, il faut prémunir les natifs contre leur nocivité, et c'est très efficace.

Il faut donc avoir une carte du ciel et savoir la lire dans le temps. Il faut pour cela connaître l'astrologie dans ses grandes lignes, ou faire faire sa carte du ciel[1] afin de l'interpréter et de connaître le mouvement des astres. En ayant votre carte du ciel – et même si vous ne connaissez pas l'astrologie –, vous pourrez voir les mauvais aspects, puisqu'ils apparaîtront en rouge dans la carte du ciel. Ce sont ces mauvais aspects qu'il faudra compenser par un talisman car, tôt ou tard, ces directions sidérales maléfiques peuvent causer des perturbations dans votre existence.

En effet, un talisman compensateur et la méditation qui l'accompagne sont des moyens de compenser efficacement.

Pour que le talisman compensateur ait son maximum d'efficacité, il doit être construit selon les plus strictes règles de l'astrologie magique. Pour ce faire, il faut être astrologue et avoir aussi de l'imagination et le pouvoir de projeter l'idée-forme sur le parchemin.

Celui qui possède ces deux qualités peut déjà, en ne connaissant que peu d'éléments d'astrologie, faire un talisman compensateur qui lui soit personnel et qui corrige certaines avenues de sa destinée. Il n'a alors besoin que de sa carte du ciel – qu'il doit faire faire – et connaître les aspects qu'il doit compenser.

Voici un exemple :

---

1.   Voir Centre ésotérique Van Chatou pour faire faire votre carte du ciel, ainsi que les ateliers qui vous apprennent à la faire vous-même.

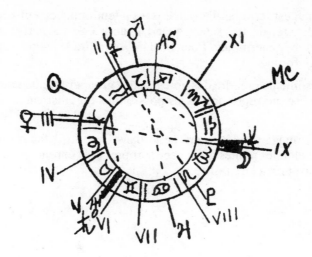

Le Soleil dans les Poissons forme une quadrature avec Uranus et Saturne conjoints dans les Gémeaux. Vénus dans les Poissons est en opposition avec la Lune dans la Vierge, conjoint à Neptune dans la Balance. Mars au Capricorne est en opposition avec Jupiter au Cancer.

Pour compenser les mauvais aspects, il faut procéder de la façon suivante :

- Le Soleil aux Poissons correspond à l'arcane XII ;
- Vénus aux Poissons correspond à l'arcane XVI ;
- Mars au Capricorne correspond à l'arcane XIV ;
- Le Soleil est aux Poissons.

L'idée-forme graphique de ce talisman compensateur sera donc celui des Poissons, qui a été vu à la leçon précédente.

Il faut d'abord choisir une journée où l'on se sent bien. Ensuite, on reproduit ce talisman sur une feuille de parchemin qui aura été préalablement consacrée, selon le cérémonial vu précédemment. Puis, on dessine, à l'extérieur du zodiaque, en face du signe qu'elles occupent, les planètes au jour de la naissance prises dans la carte du ciel. Le talisman est ainsi personnalisé et est devenu un objet personnel. Enfin, au verso, on dessine les idées-formes XII (Soleil) et XVI (Vénus). Comme l'idée-forme de Mars, c'est-à-dire XIV, est déjà dessinée sur le recto du talisman des Poissons, il est inutile de le reproduire de nouveau.

Le talisman est terminé. Il compensera intentionnellement les mauvais aspects du ciel de naissance quand il aura été magnétisé selon une pensée-forme déterminée. Pour ce faire, on relira les significations des XXI idées-formes.

Il est conseillé de prendre des notes, de les grouper afin de pouvoir faire une synthèse qui représentera les possibilités du talisman ainsi personnalisé.

Lorsque l'image du désir sera nette dans l'esprit, il faudra peindre le talisman selon les teintes qui lui sont propres et le consacrer de nouveau. Il sera ainsi prêt à être utilisé.

La carte du ciel talismanique

Une femme, née à Paris le 22 février 1943, à 04:35, servira d'exemple.

1. Il faut dresser la carte du ciel de naissance (voir ci-dessous).
2. Il faut voir comment le sujet à qui l'on fait un talisman est influencé actuellement.
3. Il faut chercher, en suivant la marche réelle des planètes dans le ciel, le jour propice pour compenser les mauvaises influences susceptibles de lui nuire actuellement.

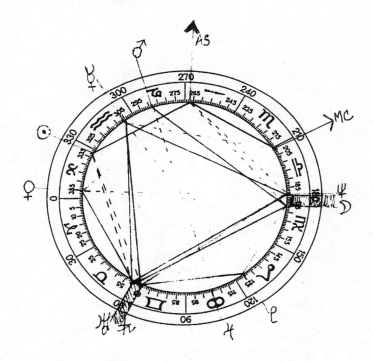

LE THÈME NATAL du 22 février 1943

Le 22 février 1943, 04:35 ♀

THÈME ASTROLOGIQUE INDIVIDUEL

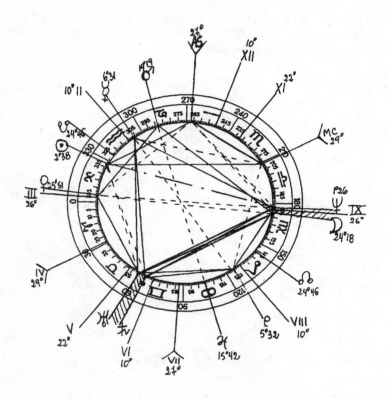

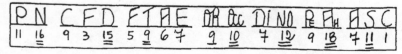

P	N	C	F	D	F	T	A	E		Ɔ	Ɔ	ⱭⱭ		D	N	N⸡		Re	Ɐ	h		A	S	C
11	16	9	3	15	5	9	6	7		9	10	7		7	12			9	18			7	11	1

LE TABLEAU DES DIRECTIONS

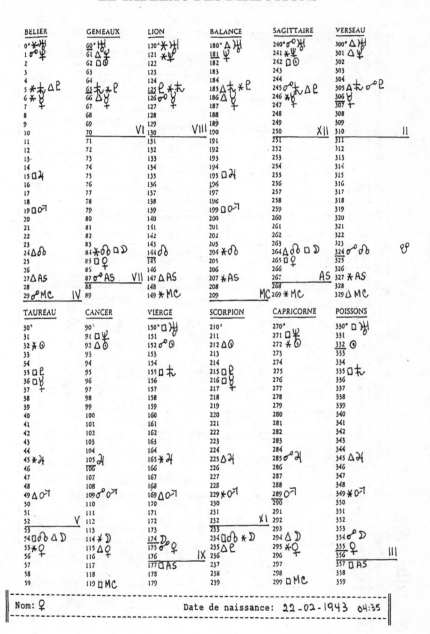

Nom: ♀   Date de naissance: 22-02-1943 04:35

LES ÉPHÉMÉRIDES pour le mois de février 1943

Février 1943

Jour	Temps sidéral	Soleil	Lune	Mercure	Vénus	Mars	Jupiter	Saturne	Uranus	Neptune	Pluton	Nœud Nord
1	8:41:19	11Aq15 1	15Sg46	26Cp21R	29Aq32	3Cp47	17Cn32R	5Ge37R	0Ge36R	1Li51R	5Le59R	25Le52
2	8:45:15	12 15 56	0Cp28	25 47	0Pi47	4 31	17 26	5 36	0 35	1 50	5 58	25 49
3	8:49:12	13 16 49	15 25	25 22	2 3	5 14	17 19	5 36	0 35	1 49	5 57	25 46
4	8:53:8	14 17 42	0Aq31	25 5	3 17	5 58	17 13	5 35	0 35	1 48	5 55	25 43
5	8:57:5	15 18 34	15 37	24 57	4 31	6 42	17 6	5 35	0 35	1 47	5 54	25 40
6	9:1:1	16 19 25	0Pi32	24 56D	5 46	7 26	17 0	5 35	0 35	1 46	5 53	25 37
7	9:4:58	17 20 14	15 10	25 2	7 1	8 10	16 54	5 35D	0 35	1 45	5 51	25 33
8	9:8:55	18 21 2	29 25	25 15	8 16	8 54	16 48	5 35	0 35D	1 44	5 50	25 30
9	9:12:51	19 21 48	13Ar13	25 35	9 31	9 38	16 42	5 36	0 35	1 42	5 49	25 27
10	9:16:48	20 22 33	26 34	26 0	10 45	10 22	16 37	5 36	0 35	1 41	5 47	25 24
11	9:20:44	21 23 16	9Ta31	26 31	12 0	11 6	16 31	5 37	0 35	1 40	5 46	25 21
12	9:24:41	22 23 58	22 5	27 7	13 15	11 50	16 26	5 37	0 35	1 39	5 45	25 18
13	9:28:37	23 24 38	4Ge22	27 47	14 29	12 34	16 21	5 38	0 35	1 38	5 43	25 14
14	9:32:34	24 25 16	16 25	28 31	15 44	13 18	16 16	5 39	0 35	1 37	5 42	25 11
15	9:36:31	25 25 53	28 19	29 21	16 59	14 2	16 11	5 40	0 36	1 35	5 41	25 8
16	9:40:27	26 26 28	10Cn19	0Aq11	18 13	14 46	16 6	5 41	0 37	1 34	5 39	25 5
17	9:44:23	27 27 1	21 57	1 6	19 28	15 31	16 1	5 42	0 37	1 33	5 38	25 2
18	9:48:20	28 27 33	3Le48	2 4	20 42	16 15	15 57	5 43	0 38	1 31	5 37	24 58
19	9:52:17	29 28 2	15 45	3 4	21 57	16 59	15 53	5 44	0 38	1 30	5 36	24 55
20	9:56:13	0Pi28 31	27 48	4 8	23 11	17 43	15 49	5 46	0 39	1 29	5 34	24 52
21	10:0:10	1 28 58	10Vi1	5 13	24 25	18 28	15 45	5 47	0 39	1 27	5 33	24 49
22	10:4:6	2 29 23	22 19	6 21	25 40	19 12	15 42	5 49	0 40	1 26	5 32	24 46
23	10:8:3	3 29 47	5Li1	7 31	26 54	19 56	15 38	5 51	0 40	1 25	5 31	24 43
24	10:12:0	4 30 9	17 49	8 43	28 8	20 41	15 35	5 53	0 41	1 23	5 30	24 39
25	10:15:56	5 30 30	0Sc52	9 56	29 23	21 25	15 32	5 55	0 42	1 22	5 28	24 36
26	10:19:53	6 30 49	14 10	11 12	0Ar37	22 10	15 29	5 57	0 43	1 20	5 27	24 33
27	10:23:49	7 31 7	27 43	12 28	1 51	22 54	15 27	5 59	0 44	1 19	5 26	24 30
28	10:27:46	8 31 23	11Sg33	13 47	3 5	23 39	15 24	6 2	0 45	1 17	5 25	24 27

2/19 Sun In Pis. 12:41 | 2/4 New 23:29(E) | 2/12 1st Qt. 0:40 | 2/20 Full 5:45(E) | 2/27 3rd Qt. 18:23

On regarde dans le thème natal, d'après le tableau des directions, les aspects dissonants. On trouve que :

- Mars est en opposition avec Jupiter ;
- Mercure est en quadrature avec MC ;
- Mercure est en opposition avec Pluton ;
- Le Soleil est en quadrature avec Uranus qui est conjoint à Saturne ;
- Vénus est en opposition avec Neptune qui est conjoint à la Lune ;
- Vénus est en quadrature avec AS ;
- Pluton est en quadrature avec MC ;
- La Lune conjoint à Neptune est en quadrature avec AS.

En 1995, le sujet avait donc 52 ans. Il faut voir maintenant les aspects négatifs afin de les compenser.

1.
La recherche par les directions symboliques

Cela consiste à faire avancer les planètes et les cuspides des maisons du thème natal, d'un degré par année de vie.

D'après le nouveau tableau des directions, on voit que :

- le Soleil est en quadrature avec Saturne et Uranus
  (comme à la naissance ; il faudra donc compenser) ;
- Vénus est en opposition avec la Lune et Neptune
  (comme à la naissance ; il faudra donc compenser) ;
- Vénus est en quadrature avec AS
  (comme à la naissance ; il faudra donc compenser) ;
- la Lune est en quadrature avec AS
  (comme à la naissance ; il faudra donc compenser) ;
- Jupiter est en opposition avec Mars
  (comme à la naissance ; il faudra donc compenser) ;
- Pluton est en quadrature avec MC
  (comme à la naissance ; il faudra donc compenser) ;
- Pluton est en opposition avec Mercure
  (comme à la naissance ; il faudra donc compenser).

LE TABLEAU DES DIRECTIONS SYMBOLIQUES

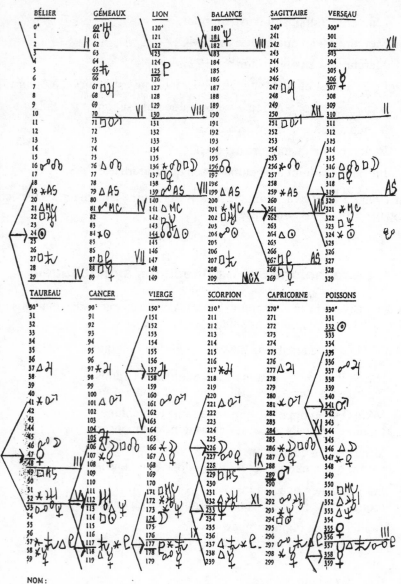

NOM :

DATE DE NAISSANCE :

2.
La recherche par les directions secondaires

Les directions secondaires, appelées aussi progressions, consistent à prendre la position des planètes au jour de la naissance et de les faire progresser, grâce aux éphémérides, d'un jour par année de vie.

En ajoutant 52 jours, on inscrit donc la position des planètes qui se trouvaient le 15 avril 1943, dans un troisième tableau de directions. On s'aperçoit alors que:

- le Soleil est en opposition avec MC;
- Mercure est en quadrature avec Pluton
  (comme à la naissance; il faudra donc compenser);
- Mercure est en opposition avec MC
  (comme à la naissance; il faudra donc compenser);
- Vénus est en quadrature avec Mars;
- Pluton est en quadrature avec MC
  (comme à la naissance; il faudra donc compenser);
- Neptune est en quadrature avec AS
  (comme à la naissance; il faudra donc compenser);
- Mars est en quadrature avec Uranus.

On a donc déterminé que la quadrature avec Mars et Pluton revient à plusieurs reprises, ainsi que Neptune qui existe déjà à la naissance. Il va donc falloir compenser.

Comme il faut combattre la nocivité de Mars, on regarde dans les éphémérides, à partir de la date du jour, pour notre exemple du 10 août 1995, jusqu'à ce que Mars ait de bons aspects avec le thème natal.

LE TABLEAU DES DIRECTIONS SECONDAIRES

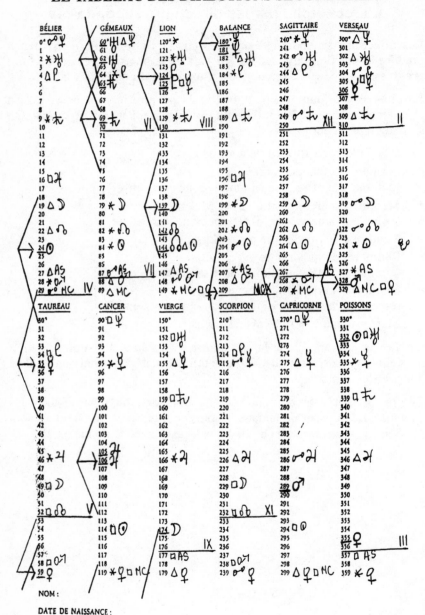

NOM :

DATE DE NAISSANCE :

LES ÉPHÉMÉRIDES pour le mois d'août 1995

Août 1995

Jour	Temps sidéral	Soleil	Lune	Mercure	Vénus	Mars	Jupiter	Saturne	Uranus	Neptune	Pluton	Nœud Nord
1	20:36:33	8Le18 13	29Vi14	12Le40	2Le48	6Li 21	5Sg32R	24Pi13R	28Cp 5R	23Cp46R	27Sc51R	0Sc23
2	20:40:29	9 15 37	12Li23	14 41	4 15	6 57	5 32	24 10	28 3	23 45	27 50	0 29
3	20:44:25	10 13 2	25 46	16 41	5 29	7 34	5 32D	24 8	28 58	23 43	27 50	0 26
4	20:48:22	11 10 28	9Sc25	18 40	6 43	8 10	5 32	24 5	27 56	23 42	27 50	0 21
5	20:52:19	12 7 54	23 22	20 37	7 57	8 47	5 32	24 2	27	23 40	27 50	0 20
6	20:56:16	13 5 21	7Sg36	22 32	8 11	9 24	5 33	24 0	27 53	23 39	27 50	0 16
7	21:0:12	14 2 48	22 7	24 26	10 11	10 1	5 34	23 57	27 51	23 37	27 50	0 13
8	21:4:9	15 0 17	6Cp51	26 16	11 25	10 38	5 35	23 54	27 49	23 36	27 50	0 10
9	21:8:5	15 57 46	21 41	28 10	12 39	11 15	5 36	23 51	27 47	23 34	27 50	0 7
10	21:12:1	16 55 16	6Aq29	1Vi47	13 53	11 52	5 37	23 48	27 44	23 33	27 50	0 4
11	21:15:58	17 52 47	21 7	3	15 7	12 29	5 38	23 44	27 42	23 31	27 50	29Li57
12	21:19:54	18 50 19	5Pi28	3 33	16 22	13 7	5 40	23 41	27 40	23 30	27 50	29 57
13	21:23:52	19 47 53	19 26	5 18	17 36	13 44	5 42	23 38	27 38	23 28	27 50	29 54
14	21:27:48	20 45 27	2Ar57	7 18	18 50	14 22	5 44	23 35	27 36	23 27	27 50	29 51
15	21:31:44	21 43 4	16 3	8 43	20 4	14 59	5 46	23 31	27 33	23 26	27 51	29 48
16	21:35:41	22 40 41	28 44	10 23	21 18	15 37	5 48	23 27	27 31	23 24	27 51	29 45
17	21:39:37	23 38 36	11Ta 5	12	22 32	16 15	5 51	23 24	27 29	23 23	27 51	29 41
18	21:43:34	24 36 33	23 11	13 13	23 46	16 52	5 53	23 20	27 27	23 21	27 51	29 38
19	21:47:30	25 33 43	5Ge 7	15	25	17 29	5 56	23 16	27 25	23 20	27 51	29 35
20	21:51:28	26 31 27	16 58	16 49	26 15	18 7	5 59	23 12	27 23	23 18	27 52	29 32
21	21:55:24	27 29 13	28 49	18 22	27 29	18 44	6 1	23 8	27 21	23 16	27 53	29 29
22	21:59:20	28 27 0	10Cn44	19 54	28 43	19 25	6 4	23 4	27 19	23 15	27 53	29 26
23	22:3:17	29 24 49	22 47	21 24	29 58	20 2	6 10	23 0	27 17	23 14	27 54	29 22
24	22:7:13	0Vi22 39	5Le 0	22 52	1Vi12	20 41	6 13	22 57	27 15	23 13	27 54	29 19
25	22:11:10	1 20 31	17 26	24 20	2 26	21 20	6 17	22 52	27 13	23 11	27 55	29 16
26	22:15:7	2 18 24	0Vi 5	25 45	3 41	21 59	6 21	22 48	27 10	23 10	27 55	29 13
27	22:19:3	3 16 19	12 56	27 9	4 55	22 38	6 25	22 44	27 7	23 10	27 55	29 10
28	22:22:59	4 14 15	26 1	28 32	6	23 16	6 30	22 40	27 6	23 8	27 56	29 6
29	22:26:56	5 12 12	9Li16	29 53	7 24	23 54	6 36	22 36	27 5	23 7	27 57	29 3
30	22:30:53	6 10 12	22 43	1Li12	8 38	24 34	6 39	22 31	27 1	23 7	27 57	29 0
31	22:34:49	7 8 11	6Sc20	2 30	9 53	25	6 44	22 22	27 3	23 6	27 58	28 57

8/23 Sun in Vir. 14:36   8/4 1st Qt. 3:17   8/10 Full 18:17   8/18 3rd Qt. 3:05   8/26 New 4:52

TABLEAU DES DIRECTIONS
LE TABLEAU DES TRANSITS le 10 août 1995

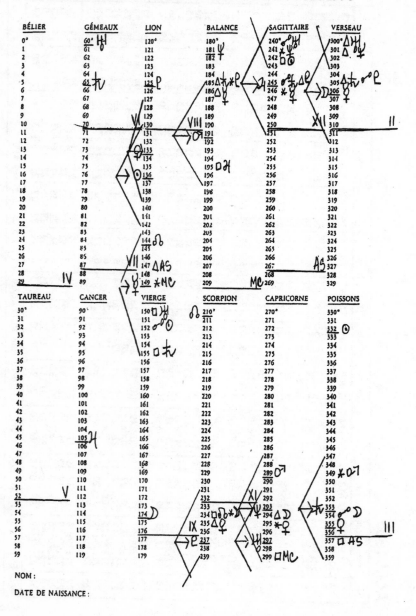

NOM :

DATE DE NAISSANCE :

Il faut ensuite chercher un jour où Neptune et Pluton ont de bons aspects avec, par exemple, Jupiter selon le thème natal.

On indiquera, dans un tableau des directions, les transits du jour qui seront inscrits à gauche des colonnes dans le thème astral, et qui serviront de point de départ pour les calculs. On voit alors que :

- Mars à 11° dans la Balance en transit est en quadrature avec Jupiter de naissance, en trigone avec Saturne et Mercure, et en sextile avec Pluton. Après, dès le 11 août, il sera en quadrature avec Mars natal, et ce, jusqu'au 2 septembre. Puis, du 7 au 10 octobre, il sera de nouveau en quadrature avec Mercure et Pluton ;

- Mercure, en transit, est en quadrature avec Uranus et Saturne, et en opposition au Soleil, alors qu'il a de bons aspects à la naissance ;

- Lune est en opposition au Pluton natal ;

- Pluton est en quadrature avec le Soleil natal, en opposition avec Uranus et Saturne, mais en trigone avec Vénus et Pluton de naissance, et en sextile avec la Lune, Neptune et Mercure de naissance ;

- Neptune, conjoint à Uranus, est conjoint à Mars natal mais avec de bons aspects ;

- Saturne est en opposition à la Lune natale, et en quadrature avec AS.

De plus, on s'aperçoit que la conjonction Neptune-Mars est à l'ascendant, ce qui est favorable. La conjonction Neptune-Mars apportera au sujet un courant protecteur équilibrant et modérateur, surtout que la conjonction a de bons aspects avec quatre trigones et un sextile, sur sa 52e année et les suivantes.

Finalement, on dresse la carte talismanique.

Il ne reste plus qu'à rechercher l'heure idéale pour la dresser, lorsque la conjonction passera au MC, soit 22:10 environ.

Il faudra donc choisir les aspects favorables de Neptune-Mars, du 10 août au 3 septembre, pour faire le talisman compensateur.

La veille ou le matin même de la journée choisie, on aura préparé la feuille de parchemin, on l'aura purifiée en brûlant un cône d'encens.

Lorsqu'on prend un parchemin qui n'est pas dessiné à l'avance, on fait un talisman[2] dans la mesure où il comprend les 28 angles de l'étoile à 7 branches qui peut être utilisé dans tous les cas, puisqu'il porte en lui l'intention du triomphe.

---

2.   On peut prendre un des modèles de G. Murchery, par exemple.

LA CARTE TALISMANIQUE du 10 août 1995

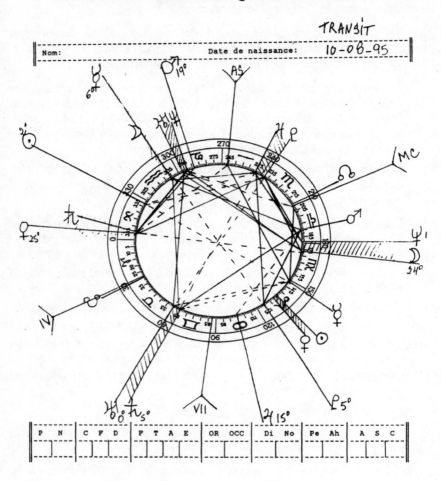

Donc, à 22:10, heure astrale, ou 23:10 à l'horloge, puisque c'est l'heure avancée, on dessine le talisman ou on commence à peindre chaque signe du zodiaque de la couleur qui lui est donnée, en débutant par le signe qui renferme le plus de planètes compensatrices. Puis, on peint les autres signes en suivant le sens des aiguilles d'une montre.

La teinte de l'étoile sera celle sur laquelle domine la planète compensatrice qu'on juge la plus bénéfique. Dans ce cas-ci, on la peindra en mauve (pour Neptune). Le fond du talisman sera de la teinte de la planète qu'on compense. Dans ce cas-ci, ce sera rouge vermillon. Le disque central sera peint en or et l'anneau extérieur, en argent.

Pendant tout le travail, on ne doit pas avoir d'intention particulière relativement au futur porteur du talisman, même si c'est soi-même. Il faut penser uniquement à capter les bons courants sidéraux du moment et à charger le parchemin pour en faire un objet magique de protection.

Le talisman compensateur est maintenant terminé. Il protège des mauvais courants martiens, c'est son seul but et c'est le seul qu'on doit rechercher pendant son travail.

Il faut ensuite le personnaliser en dessinant, à l'extérieur du zodiaque talismanique, les planètes selon la place qu'elles occupent dans le thème natal.

Il ne restera plus qu'à le compléter avec la ou les idées-formes.

Il faudra aussi le consacrer à un jour et à un moment qui seront personnellement favorables au créateur – un bon aspect lunaire est suffisant.

Voici quelques modèles vierges de talismans compensateurs.

CHAPITRE V

Les talismans de protection grâce à vos guides[1]

Les vicissitudes de la vie amènent parfois les hommes à être malheureux. C'est le prix du modernisme. On vit trop vite et surtout de façon superficielle. Les bienfaits nouveaux et les découvertes révolutionnaires profitent à l'homme d'une certaine façon, mais au détriment des valeurs humaines profondes. Finalement, il n'en jouit point.

Le talisman n'est pas un remède radical contre les soucis actuels de tous les hommes. Bien que sa valeur magique soit certaine, il ne peut tout faire seul. La fabrication d'un talisman qui suit le bon rituel est en soi une opération magique, un phénomène intrigant qui fait se réaliser les besoins que l'on désire intensément. De l'opération elle-même se dégage une force occulte qui n'est limitée que par la volonté plus ou moins puissante de l'opérateur.

Comment utiliser les talismans des anges

1. On consacre le parchemin.
2. On choisit le talisman voulu selon la fonction de l'ange.
3. Pour chacun des anges, le schéma est donné, mais il est préférable de le recopier.
4. Le nom de chaque ange en hébreu devra être copié en haut entre les deux cercles.
5. On doit aussi inscrire le nom divin correspondant.

---

1.   Les talismans sont tirés des *72 talismans de Salomon.*

6. Il faut aussi recopier le verset donné, de préférence en hébreu, ou du moins en latin.

7. On copie aussi le sceau correspondant.

8. On fera ce talisman selon les heures[2] et les dates indiquées, en tenant compte des heures locales et des différences de longitude. Il faudra bien le faire pendant la période précitée. Si on n'a pas eu le temps de le finir, il faudra attendre la prochaine période. C'est pourquoi il importe d'avoir tout ce dont vous avez besoin, que le matériel soit disponible et prêt à être utilisé.

9. On doit réciter le psaume, d'abord en français afin d'en comprendre le sens, puis en latin et impérativement en hébreu.

10. On consacre le talisman.

11. On termine par le signe de croix avec des gestes larges en visualisant la croix.

12. Il faudra consacrer de nouveau le talisman aux dates de régence physique et aux heures convenables (celles de l'influence sur l'âme), en tenant compte des heures légales. On peut aussi, à ces époques, terminer le talisman si on n'a pas eu le temps de le finir auparavant. Comme il faut respecter les délais de 20 minutes pour faire le talisman, cela peut parfois prendre plusieurs mois avant de le terminer.

---

2.   Il faut prendre l'heure sidérale, voir annexe comment la trouver.

1. VEHUIAH
Jehova

יהוה

Influence sur le physique :
du 21 au 25 mars.

Influence sur le spirituel :
3 juin, 18 août, 30 octobre,
9 janvier.

Influence sur l'âme :
de 24:00 à 00:20.

Provoque l'illumination des choses divines. La compréhension des mystères de la théurgie. La pratique de la prière. Les grandes protections. Les honneurs.

וְאַתָּה יְחֹוָח מָגֵן בַּעֲדִי כְּבוֹדִי וּמֵרִים רֹאשִׁי׃

Verset :

Et Toi, ô Éternel, tu es un bouclier qui me protège, Tu es mon honneur et me fais porter la tête haute.

Et tu, Domine, susceptor meus et gloria mea et exultans caput meum.

Vehata, Adonaï, maguen bahadi quevodi oumerim roshi.

Sceau :

2. JELIEL
Aydi

YÉLIEL

יָ לִ יִ אֵ ל

Influence sur le physique:
du 26 au 30 mars.

Influence sur le spirituel:
4 juin, 19 août, 31 octobre,
10 janvier, 22 mars.

Influence sur l'âme:
de 00:20 à 00:40.

Apaise les séditions populaires et obtient la victoire contre ceux qui vous attaquent injustement. Rétablit la paix parmi les époux et la fidélité conjugale.

ואתה יהוה אל–תרחק אילותי לעזרתי חרשה:

Verset:

Et Toi, ô Éternel, ne t'éloigne pas; Toi qui es ma force, viens vite à mon secours.

Tu autem, Domine, ne elongareris auxilium tuum a me ad defensionem meam conspice.

Vehata, Adonaï, al-tirehaq éyalouti lehézerati oushah.

Sceau:

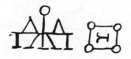

3. SITAEL
Sitaël

סיטאל

Influence sur le physique:
du 31 mars au 4 avril.

Influence sur le spirituel:
23 mars, 5 juin, 20 août,
1er novembre, 11 janvier.

Influence sur l'âme:
de 00:40 à 01:00.

Contre l'adversité, les pertes
d'argent, la pauvreté. Protège
aussi contre les armes et les fau-
ves. Domine sur la noblesse.

אכר ךיהות כחסי דמצרודתי אזהי אבסה-בך!

Verset:

Que l'on dise à l'Éternel: «Tu es mon refuge, ma citadelle, mon Dieu,
en qui je place ma confiance.»

*Dixit Domino susceptor meus es tu et refugium meum; Deus meus
sperabo in eum.*

Omar lahadonaï, maheci oumetzoudati helohaï hevetah-bo.

Sceau:

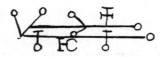

4. ELEMIAH
Alla

אלמיה

Influence sur le physique:
du 5 au 9 avril.

Influence sur le spirituel:
24 mars, 6 juin, 21 août,
2 novembre, 12 janvier.

Influence sur l'âme:
de 01:00 à 01:20.

Contre les tourments de l'esprit,
la dépression nerveuse, pour
connaître les traîtres. Protège
lors de voyages, surtout sur la
mer. Influe sur les découvertes
utiles.

שובה יהוה חלצה נפשי הושיעני למען חסדך:

Verset:

Daigne de nouveau, Seigneur, délivrer mon âme; viens à mon secours,
en raison de ta bonté.

*Convertere, Domine, et eripe animam meam; salvum me fac propter
misericordiam tuam.*

Shouvah, Adonaï, héletzah nafeshi hoshihéni lemahan hacedéha.

Sceau:

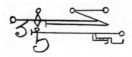

5. MAHASIAH
Toth

מחסיה

Influence sur le physique:
du 10 au 14 avril.

Influence sur le spirituel:
25 mars, 7 juin, 22 août,
3 novembre, 13 janvier.

Influence sur l'âme:
de 01:20 à 01:40.

Pour vivre en paix avec tout le monde, les voisins, les relations de travail, etc. Apporte le bonheur dans l'entendement et favorise les études. Facilite la philosophie occulte et libérale, la théologie et toutes les sciences spirituelles en général.

גדלו ליהדה אתי ונדרסה שכר יהרד׃

Verset:

Mon âme trouve sa gloire en l'Éternel: que les humbles l'entendent et se réjouissent.

Exquisivi Dominum et exaudivit me et ex omnibus tribulationibus meis eripuit me.

Gadelou lahadonaï itti ouneromemah chemo iardav.

Sceau:

6. LELAHEL
Abgd

ללחאל

Influence sur le physique:
du 15 au 20 avril.

Influence sur le spirituel:
26 mars, 8 juin, 23 août,
4 novembre, 14 janvier.

Influence sur l'âme:
de 01:40 à 02:00.

Pour acquérir des lumières et pour guérir les maladies. Domine l'amour, la renommée, les sciences, les arts et la fortune personnelle.

זכרו ליהוה יטב צידן הגידר בעעים עלילדתידו:

Verset:

Célébrez l'Éternel qui siège à Sion; proclamez parmi les peuples ses hauts faits.

Psallite Domino qui habitat in Sion; annuntiata inter gentes studia ejus.

Zamerou lahadonaï ioshev tzion haguidou vehamim halilotaïv.

Sceau:

7. ACHAIAH
Achiah

Influence sur le physique :
du 21 au 25 avril.

Influence sur le spirituel :
27 mars, 9 et 10 juin, 24 août,
5 novembre, 15 janvier.

Influence sur l'âme :
de 02:00 à 02:20.

Pour découvrir les secrets de la nature, être inventif. Aide à l'instruction et favorise le travail grâce à la bienveillance de Dieu. Domine la patience et l'étude.

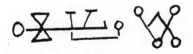

Verset :

L'Éternel est clément et miséricordieux, tardif à la colère et plein de bienveillance.

Miserator et misericors Dominus, longanimis et multum misericors.

Rahoum vehanoun Adonaï herah hapaïm verav-hassed.

Sceau :

8. CAHETHEL
Moti

כהאהל

Influence sur le physique:
du 26 au 30 avril.

Influence sur le spirituel:
28 mars, 11 juin, 25 août,
6 novembre, 16 janvier.

Influence sur l'âme:
de 02:20 à 02:40.

Pour obtenir la bénédiction de Dieu et chasser les mauvais esprits comme les mauvaises intentions. Favorise les travaux de la campagne, la chasse. Inspire la spiritualité et la prière.

הֹּר נִּתחדה ונכרעה נבדכה לפני-יֹּּוֹדה עֹֹּדֹּ:

Verset:

Venez! Nous voulons nous prosterner, nous incliner, ployer les genoux devant l'Éternel, notre Créateur.

Venite adoremus et procidamus et ploremus ante Dominum qui fecit nos.

Bohou nishetahaveh venihehah niverehah lifené-Adonaï hossénou.

Sceau:

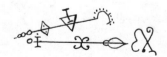

9. HAZIEL
Agsi

עזיאל

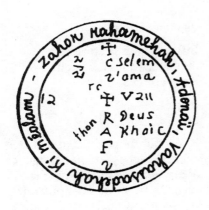

Influence sur le physique:
du 1ᵉʳ au 5 mai.

Influence sur le spirituel:
29 mars, 12 juin, 26 août,
7 novembre, 17 janvier.

Influence sur l'âme:
de 02:40 à 03:00.

Sert à obtenir la miséricorde de
Dieu, l'amitié et les faveurs des
grands, l'exécution d'une pro-
messe faite par une personne.
Domine sur la bonne foi et la
réconciliation.

זכר רחמיך יהוה דהסדיך כי מעולם המה:

Verset:

Souviens-toi, Éternel, de tes bontés et de tes grâces, car elles existent de
tout éternité.

*Reminiscere miserationem tuarum, Domine, et misericordiam tuarum
quae a saeculo sunt.*

Zahor rahamehah, Adonaï, vahassadehah ki méolam hémah.

Sceau:

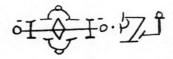

10. ALADIAH
Sire et Eipi

אלדיה

Influence sur le physique:
du 6 au 10 mai.

Influence sur le spirituel:
30 mars, 13 juin, 27 août,
8 novembre, 18 janvier.

Influence sur l'âme:
de 03:00 à 03:20.

Bon pour ceux qui ont fait des crimes cachés et qui craignent d'être découverts. Domine sur la rage, la peste et les épidémies. Influe sur la guérison des maladies.

יהי-חסדך יהוה עליבך כאשר יחלבד לך:

Verset:

Que ta bonté, Éternel, s'étende sur nous, comme nous y comptons de ta part!

Fiat misericordia tua, Domine, super nos, quemadmodum speravimus in Te.

Iehi-hassedehah, Adonaï, alénou cahasher yihalenou lah.

Sceau:

11. LAUVIAH
Deus

לאויה

Influence sur le physique:
du 11 au 15 mai.

Influence sur le spirituel:
31 mars, 14 juin, 28 août,
9 novembre, 19 janvier.

Influence sur l'âme:
de 03:20 à 03:40.

Contre la foudre et autres cata-
clysmes sur la maison, haute protection matérielle. Attire la renommée. Influe sur les grandes
personnalités, les savants et ceux
qui deviennent célèbres grâce à
leurs talents.

הי־יהוה ןנדרך צדרי דירדס אלוֹהי יטעי:

Verset:

Vivant est le Seigneur et béni mon rocher! Glorifié est le Dieu qui me
protège!

Vivit Dominus et benedictus Deus meus et exultatur Deus salutis meae.

Haï-Adonaï ouvarouh tzour; veiaroum Héloé yishevi.

Sceau:

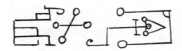

12. HAHAIAH
Hai

הֵהֵעְיָה

Influence sur le physique :
du 16 au 20 mai.

Influence sur le spirituel :
1er avril, 15 juin, 29 août,
10 novembre, 20 janvier.

Influence sur l'âme :
de 03:40 à 04:00.

Domine sur les songes et révèle les trésors et les mystères cachés. Contre l'adversité. Aide et soutient, porte secours. Influe sur les personnes sages, spirituelles et discrètes. Est invoqué contre l'adversité et pour trouver de l'aide.

לָמָה יהוה תַעֲמֹד בְּרָחֹק תַעֲלִים לְעִתּוֹת בַּצָּרָה׃

Verset :

Pourquoi, ô Éternel, te tiens-tu éloigné ? Te dérobes-tu au temps de la détresse ?

Ut quid Domine recessisti longe despicis in opportunitatibus in tribulatione.

Lamah, Adonaï, tahamod berahoq tahelim lehitot batzarah.

Sceau :

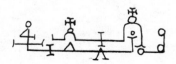

13. IEZALEL
Boog

יזלאל

Influence sur le physique :
du 21 au 25 mai.

Influence sur le spirituel :
2 avril, 16 juin, 30 août,
11 novembre, 21 janvier.

Influence sur l'âme :
de 04:00 à 04:20.

Apporte la joie dans la famille, la réconciliation, la fidélité conjugale. Permet le retour des amis.

הדיעו ליהוה כך־הארץ פצחו ורננד וזמרד׃

Verset :

Acclamez l'Éternel, toute la terre, entonnez des cantiques, chantez des hymnes.

Jubilate Deo omnis terra, cantate et exultate et psallite.

Haribou lahadonaï gol haaretz pitzhouh veranenou vezamerou.

Sceau :

14. MEBAHEL
Dios

מכהאל

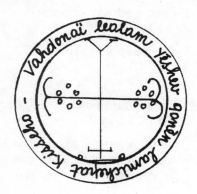

Influence sur le physique:
du 26 au 31 mai.

Influence sur le spirituel:
3 avril, 17 juin, 31 août,
12 novembre, 22 janvier.

Influence sur l'âme:
de 04:20 à 04:40.

La loi de Dieu règne partout; elle
punit et empêche ceux qui veulent s'approprier la fortune d'autrui. Domine sur la justice et la
vérité. Protège l'innocence et fait
connaître la vérité. Délivre les
opprimés et les prisonniers.

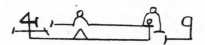

Verset:

Oui, c'est Lui qui juge le monde avec équité; il prononce sur les nations
avec droiture.

*Et factus est Dominus refugium pauperis: adjutor in opportunitatibus in
tribulatione.*

Vahdonaï leolam yéshev qonèn lamichepat kisseho.

Sceau:

15. HARIEL
Idio

הריאל

Influence sur le physique :
du 1er au 5 juin.

Influence sur le spirituel :
4 avril, 18 juin, 1er septembre,
13 novembre, 23 janvier.

Influence sur l'âme :
de 04:40 à 05:00.

Contre les profanateurs spirituels
et les impies de la religion, haute
protection. Domine sur les sciences et les arts. Influe sur les découvertes utiles et les nouvelles
méthodes.

ויהי יהדה לי לםשֶׂגֶב דֶאֱלהי לצֶדר כֶּהֱכֹי:

Verset :

L'Éternel est une forteresse pour moi ; mon Dieu, un rocher tutélaire.

Et factus est mihi Dominus in refugium et Deus meus in adjutorium spei meae.

Vayehi Adonaï li lemissegav velohaï letzour mahessi.

Sceau :

16. HAKAMIAH
Dieu

חקם יה

Influence sur le physique:
du 6 au 10 juin.

Influence sur le spirituel:
5 avril, 19 juin, 2 septembre,
14 novembre, 24 janvier.

Influence sur l'âme:
de 05:00 à 05:20.

Contre les traîtres pour obtenir la
victoire et pour être délivré de
ceux qui veulent nous opprimer.
Donne la victoire et empêche les
révoltes. Domine sur les officiers
et les gouvernants, l'art militaire
et les arsenaux.

יהוה אלהי־ר רהרעתי רדט־געקתי בלילה כגדך:

Verset:

Seigneur, Dieu de mon salut, je crie le jour, je gémis la nuit, devant Toi.

Domine Deus salutis meae in die clamavi et nocte coram te.

Adonaï Hélohé iechouati iom-zahaketi balaïelah neguédeha.

Sceau:

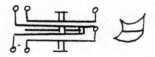

17. LAUVIAH 2
Goth

לאכיה

Influence sur le physique:
du 11 au 15 juin.

Influence sur le spirituel:
6 avril, 20 juin, 3 septembre,
15 novembre, 25 janvier.

Influence sur l'âme:
de 05:20 à 05:40.

Contre les tourments de l'esprit,
la tristesse, la neurasthénie, les
dépressions et les terreurs nocturnes. Domine sur les hautes
sciences, les découvertes mer-
veilleuses. Donne des révélations en songe.

יהרה ::רכיכר בה-אדיר פער ככל-::אדץ:

Verset:

Seigneur, notre Dieu, que grandiose est Ton Nom par toute la terre!

Domine Deus noster quam admirabile est nomen in universa terra.

Adonaï Adonénou ma-adir chémeha behol haharetz.

Sceau:

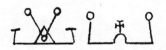

18. CALIEL
Boog

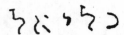

Influence sur le physique:
du 16 au 21 juin.

Influence sur le spirituel:
7 avril, 21 juin, 4 septembre,
16 novembre, 26 janvier.

Influence sur l'âme:
de 05:40 à 06:00.

Pour obtenir un secours immédiat, fait triompher son bon droit. Fait connaître la vérité dans les procédures et triompher l'innocence. Confond les coupables et les faux témoins.

Verset:

Seigneur qui juge les nations, rends-moi justice, ô très-haut! selon ma perfection.

Judica me Domine secundum justitiam meam et secundum innocentiam meam super me.

Adonaï iaddine amim chafténi Adonaï ketzideki ouhetoumi alaï.

Sceau:

19. LEUVIAH
Bogy

לדבדה

Influence sur le physique:
du 22 au 26 juin.

Influence sur le spirituel:
8 avril, 22 juin, 5 septembre,
17 novembre, 27 janvier.

Influence sur l'âme:
de 06:00 à 06:20.

Pour obtenir la grâce de Dieu et
voir ses demandes exaucées. Apporte l'illumination et la clarté
spirituelle. Domine sur la mémoire et l'intelligence.

קדה קדיהי והדה ויה אלי דיסבע בדעתי:

Verset:

J'ai placé mon ferme espoir en l'Éternel. Il s'est incliné vers moi, il a
entendu ma supplication.

Expectans, expectavi Dominum et intendit mihi.

Kavoh Kivitti Adonaï vaïéte hélaï vayichemah chavehati.

Sceau:

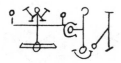

20. PAHALIAH
Tios

פהליה

Influence sur le physique:
du 27 juin au 1er juillet.

Influence sur le spirituel:
9 avril, 23 juin, 6 septembre,
18 novembre, 28 janvier.

Influence sur l'âme:
de 06:20 à 06:40.

Contre les ennemis de la religion
et de la magie. Pour convertir au
christianisme et contre les médi-
sances. Domine sur la religion, la
théologie, la morale. Influe sur la
chasteté, la piété et la vocation
ecclésiastique.

רהדה הצזלח נפעד כחבּזת–סקד סלוֹוֹך דמיׁה|

Verset:

Seigneur, délivre-moi des lèvres mensongères, de la langue perfide.

Domine libera animam meam a labiis iniquis et a lingua dolosa.

Adonaï hatzilah nafeshi missepath chéker mileshon remiah.

Sceau:

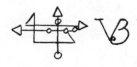

21. NELCHAEL
Bueg

נלכאל

Influence sur le physique:
du 2 au 6 juillet.

Influence sur le spirituel:
10 avril, 24 juin, 7 septembre,
19 novembre, 29 janvier.

Influence sur l'âme:
de 06:40 à 07:00.

Contre les calomniateurs, les charmes et les sortilèges. Pour détruire les mauvais esprits et les influences maléfiques. Domine sur la philosophie, l'astronomie, les mathématiques, la géographie et toutes les sciences abstraites. Influe sur le monde scientifique et les chercheurs.

דצכי עליך כטחתי לגורה אטחתי אלהי אתה!

Verset:

Moi, cependant, j'ai confiance en Toi, Seigneur. Je dis: «Tu es mon Dieu.»

Ego autem in Te speravi Domine, dixi Deus meus es tu manibus tuis sortes meae.

Vehani aleha vataheti Adonaï amarti Hélohaï atah.

Sceau:

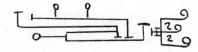

22. YEIAEL
Good

דדדאדל

Influence sur le physique:
du 7 au 11 juillet.

Influence sur le spirituel:
11 et 12 avril, 25 juin,
8 septembre, 20 novembre,
30 janvier.

Influence sur l'âme:
de 07:00 à 07:20.

Attire la fortune par le commerce et les voyages. Favorise les industries et toutes les initiatives. Domine sur la renommée et la diplomatie. Influe sur les découvertes, les expéditions maritimes. Protège contre les tempêtes et les naufrages.

Verset:

C'est l'Éternel qui te garde, l'Éternel qui est à ta droite, comme ton ombre tutélaire.

Dominus custodit te: Dominus protectio tua super manum dexteram tuam.

Adonaï chomereha Adonaï tzileha al-yad iemineha.

Sceau:

23. MELAHEL
Dieh

לאהלט

Influence sur le physique:
du 12 au 16 juillet.

Influence sur le spirituel:
13 avril, 26 juin, 9 septembre,
21 novembre, 31 janvier.

Influence sur l'âme:
de 07:20 à 07:40.

Sert contre les armes et à voyager en sûreté. Domine sur l'eau et toutes les productions de la terre, en particulier les plantes médicinales.

יהוה ישבד־יוזהך רכוך מעתה ועד־עולם:

Verset:

Que le Seigneur protège tes allées et venues, désormais et durant l'éternité.

Dominus custodiat introitum tuum et exitum tuum et ex hoc nunc et in saeculum.

Adonaï yichemar-tzéteha ouvohéha méhatah vehad-olam.

Sceau:

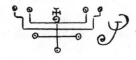

24. HAHEUIAH
Haiah

הַחֲוּיָה

Influence sur le physique :
du 17 au 22 juillet.

Influence sur le spirituel :
14 avril, 27 juin, 10 et
11 septembre, 22 novembre,
1er février.

Influence sur l'âme :
de 07:40 à 08:00.

Pour obtenir la grâce et la miséricorde de Dieu. Protège les fugi-
tifs, les évadés, les exilés. Préserve
des voleurs et des assassins. Empêche la découverte de crimes
secrets, et ceux qui les ont com-
mis échapperont à la justice des
hommes pourvu qu'ils ne retom-
bent plus dans la même faute.
Protège contre les animaux nui-
sibles.

הִנֵּה עֵין יְהֹוָה אֶל־יְרֵאָיו לַמְיַחֲלִים לְחַסְדּוֹ׃

Verset :

Voici : les yeux du Seigneur sont ouverts sur ses adorateurs, sur ceux qui
ont foi en sa bonté.

*Ecce oculi Domini super metuentes eum et in eis qui sperant in miseri-
cordia ejus.*

Ineh, héu Adonaï el-ieréhar lameiahalim lehassedoh.

Sceau :

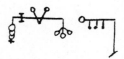

25. NITH-HAIAH
Orsy

נַתה יה

Influence sur le physique :
du 23 au 27 juillet.

Influence sur le spirituel :
15 avril, 28 juin, 12 septembre,
23 novembre, 2 février.

Influence sur l'âme :
de 08:00 à 08:20.

Sert à obtenir la sagesse et à découvrir les richesses cachées.
Aide à connaître les clés de la
science occulte. Donne des révélations en songe. Influe sur les
hommes sages qui aiment la paix
et la solitude. Aide ceux qui pratiquent la magie des sages et la
théurgie.

אׄוׄדה יהוה כדך – לבי ׃ׄטהדה כל־נכל׃דתיד׀

Verset :

Je rends grâce à l'Éternel de tout mon cœur : je veux proclamer toutes
tes merveilles.

*Confitebor tibi, Domine, in toto corde meo : narrabo omnia mirabilia
tua.*

Odéh-Adonaï Behol-libbi hassaperah kolnifelotehah.

Sceau :

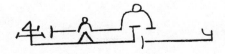

26. HAAIAH
Agdu et Abdi

הָאָיָה

Influence sur le physique :
du 28 juillet au 1er août.

Influence sur le spirituel :
16 avril, 29 juin, 13 septembre,
24 novembre, 3 février.

Influence sur l'âme :
de 08:20 à 08:40.

Pour gagner un procès et avoir
des juges favorables. Protège
tous ceux qui cherchent la vérité.
Porte l'homme à la contemplation des choses divines. Domine
sur la politique, les diplomates,
les traités de paix et des commer-
ces, les conventions en général,
les courriers, les expéditions secrètes.

סְדַוְּמִי בְכָל-רְב עָבְבִר יְהוְּה חֻקֶּיךָ אֶצְדָּה׃

Verset :

Je t'invoque de tout cœur, exauce-moi, Seigneur, je veux observer tes
préceptes.

Clamavi in toto corde meo, exaudi me, Domine : justificationes tuas
requiram.

Karati vehol-lev haneni Adonaï oukéha hétzorah.

Sceau :

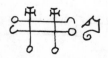

27. IERATHEL
Theos

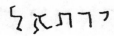

Influence sur le physique :
du 2 au 6 août.

Influence sur le spirituel :
17 avril, 30 juin, 14 septembre,
25 novembre, 4 février.

Influence sur l'âme :
de 08:40 à 09:00.

Sert à confondre et à punir les gens méchants, les calomniateurs, et pour être délivré de ses ennemis. Protège contre ceux qui provoquent ou attaquent injustement. Domine sur la propagation de la lumière, la civilisation et la liberté.

Verset :

Délivre-moi, Seigneur, des gens méchants ; protège-moi contre les hommes de violence.

Eripe me, Domine, ab homine malo : a viro iniquo eripe me.

Aletzéni Adonaï méadam rah méish hamassim tinetzeréni.

Sceau :

28. SEHEIAH
Adad

כ ‬אׄיׄהׄאׄה

Influence sur le physique:
du 7 au 12 août.

Influence sur le spirituel:
18 avril, 1er et 2 juillet,
15 septembre, 26 novembre,
5 février.

Influence sur l'âme:
de 09:00 à 09:20.

Pour la guérison des maladies et
des infirmités. Protège aussi de
la foudre, du feu et des chutes de
pierres. Domine sur la santé, la
longévité de la vie.

אלהים אׄל־תרדחק לבׄיׄ אׄלהי לעׄדדתי וׄיׄסׄהׄ!

Verset:

Ô Dieu, ne te tiens pas éloigné de moi: mon Dieu, hâte-toi de me venir
en aide.

Deus ne elongeris a me: Deus meus in auxilium meum respice.

Eloïm al-tirehak miméni Elohaï lehézerati hishah.

Sceau:

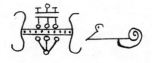

29. REHIEL
Zimi

דיראל

Influence sur le physique :
du 13 au 17 août.

Influence sur le spirituel :
19 avril, 3 juillet, 16 septembre,
27 novembre, 6 février.

Influence sur l'âme :
de 09:20 à 09:40.

Pour obtenir un secours rapide,
pour être délivré des oppresseurs
et des ennemis invisibles. Domine sur tous les sentiments reli-
gieux, la théologie et la méditation.

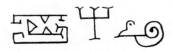

Verset :

Écoute ma prière, mon Dieu ; prête l'oreille aux paroles de ma bouche.

Ecce enim Deus adjuvat me et Dominus susceptor est animae meae.

Elohim chemah tefilati hahazinah lehimereh-pi.

Sceau :

30. OMAEL
Tura

אוהאל

Influence sur le physique:
du 18 au 22 août.

Influence sur le spirituel:
20 avril, 4 juillet, 17 septembre,
28 novembre, 7 février.

Influence sur l'âme:
de 09:40 à 10:00.

Contre le chagrin, le désespoir.
Pour avoir de la patience. Domine sur le règne animal. Aide
les médecins, les chirurgiens et
les chimistes.

כי ﬠﬦﬣ תקוﬡי ﬡדﬨי יהוה וﬠﬤחי ﬦﬠﬠﬢﬧﬢﬦ

Verset:

Car tu es mon espoir, Seigneur Dieu; Dieu, ma sauvegarde depuis ma
jeunesse.

*Quoniam tu es patientia mea, Domine; Domine, spes mea a juventute
mea.*

Ki atah tikevati Adonaï Elohim mivetahi minehouraï.

Sceau:

31. LECABEL
Teldi

לכבאל

Influence sur le physique:
du 23 au 28 août.

Influence sur le spirituel:
21 avril, 5 juillet, 18 septembre,
29 novembre, 8 février.

Influence sur l'âme:
de 10:00 à 10:20.

Pour être inspiré et réussir dans
sa profession. Pour inventer de
nouveaux procédés. Aide les as-
tronomes, les mathématiciens et
les géomètres. Domine sur la végétation et l'agriculture.

יָדִי׃ בִּגְבוּרְדֹת אֲדֹנָי יְהוָה אַזְכִּיר צִדְקָתְךָ לְבַדֶּךָ׃

Verset:

Je me présenterai avec tes hauts faits, Seigneur Dieu; je célébrerai ta
justice à Toi seul.

*Quoniam non cognovi litteraturam: introibo in potentias Domini: Do-
mine memorabor justitiae tuae solius.*

Avoh biguevouroth Adonaï Eloïm hazekir tzidekateha levadéha.

Sceau:

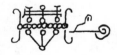

32. VASARIAH
Anot

וֹסֹר יה

Influence sur le physique:
du 29 août au 2 septembre.

Influence sur le spirituel:
22 avril, 6 juillet, 19 septembre,
30 novembre, 9 février.

Influence sur l'âme:
de 10:20 à 10:40.

Contre tous ceux qui vous attaquent en justice. Pour obtenir sa grâce, il faut, lors du rituel, nommer la personne qui vous poursuit et citer le motif. Permet les arrangements à l'amiable. Domine sur la justice, la noblesse, les magistrats et les avocats.

כִּי יוֹנָה דְּדִיקָה תִכְכַּד עֲדִי יִדֵי בַּהֶפָּן דְּיִדִי
נְהַדְבְנִי קִיץ סֶלָח׃

Verset:

Car, jour et nuit, ta main pesait sur moi; ma sève s'altérait comme aux feux de l'été. Sélah!

Quia rectum est verbum Domini et opera ejus in fide.

Ki yomam veloyelah tihebad alaï iadéha néhepah lechadi leharevoné kayitz. Sélah.

Sceau:

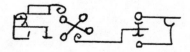

33. IEHUIAH
Agad

יְהַוְ יָה

Influence sur le physique :
du 3 au 7 septembre.

Influence sur le spirituel :
23 avril, 7 juillet, 20 septembre,
1er décembre, jusqu'à 21:00 et
10 février jusqu'à midi.

Influence sur l'âme :
de 10:40 à 11:00.

Pour connaître toutes choses : les traîtres, les ennemis cachés, les sorciers. Pour les confondre et déjouer leurs machinations. Protège les princes et maintient les sujets en obéissance.

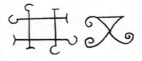

Verset :

Venez, enfants, écoutez-moi, je vous enseignerai la crainte du Seigneur.

Dominus scit cogitationes hominum quoniam vanae sunt.

Lehou-banim chemehou-li yirehat Adonaï alamédehem.

Sceau :

34. LEHAHIAH
Aneb

לההיה

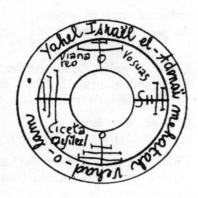

Influence sur le physique :
du 8 au 12 septembre.

Influence sur le spirituel :
24 avril, 8 juillet, 21 septembre,
2 décembre, 10 février.

Influence sur l'âme :
de 11:00 à 11:20.

Contre la colère. Pour maintenir
la paix. Pour avoir confiance en
soi. Domine sur les têtes couronnées et la noblesse. Influe sur
l'obéissance des sujets envers
leurs princes ou des gouvernés et
des subordonnés en général.

Verset :

Qu'Israël mette son attente en l'Éternel, désormais et pour l'Éternité.

Speret Israël in Domino ex hoc nunc et usque in sœculum.

Yahel Israël el-Adonaï mehatah vehad-o-lam.

Sceau :

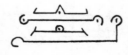

35. CHAVAKIAH
Anup

לוקיה

Influence sur le physique :
du 13 au 17 septembre.

Influence sur le spirituel :
25 avril, 9 juillet, 22 septembre,
3 décembre, 11 février.

Influence sur l'âme :
de 11:20 à 11:40.

Pour se faire pardonner et rentrer
en grâce avec ceux que l'on a
offensés. Il faudra, dans l'invo-
cation, citer le nom de la personne concernée. Cela devra être
répété tous les jours, jusqu'à
l'obtention du résultat. Entretient
la paix dans la famille. Domine
sur les testaments, les successions et les partages à l'amiable.
Entretient l'harmonie dans les
familles.

אָהַבְתִּי כִּי־יִחְנַע יְהֹוָה אֶת־קוֹלִי תַּחֲנוּנָי׃

Verset :

J'aime que le Seigneur écoute ma voix, mes supplications.

Dilexi quoniam exaudiet Dominus vocem orationis meae.

Ahaveti ki-yichemah Adonaï heth koli tahanouni.

Sceau :

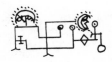

36. MENADEL
Alla

סמרדאל

Influence sur le physique:
du 18 au 23 septembre.

Influence sur le spirituel:
26 avril, 10 juillet, 23 septembre,
4 décembre, 12 février.

Influence sur l'âme:
de 11:40 à 12:00.

Pour conserver son emploi et les
moyens d'existence que l'on
possède déjà. Sert contre les ca-
lomnies et pour la délivrance des
prisonniers.

יהוה אהבתי סעדן ביתך דמקום מטבן כבודך!

Verset:

Seigneur, j'aime le séjour de ta maison et le lieu où réside ta gloire.

Domine dilexi decorum domus tuae et locum habitationis gloriae tuae.

Adonaï ahaveti mehone bétéha oumekome michebane kevodéha.

Sceau:

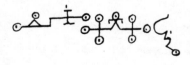

37. ANIEL
Abda

אניאל

Influence sur le physique :
du 24 au 28 septembre.

Influence sur le spirituel :
27 avril, 11 juillet, 24 septembre,
5 décembre, 13 février.

Influence sur l'âme :
de 12:00 à 12:20.

Pour obtenir la victoire militaire, pour faire lever le siège d'une ville. Inspire les sages et les philosophes. Domine sur les sciences et les arts. Révèle les secrets de la nature et inspire les méditations philosophiques ou théologiques.

לקים גבורה הטיכנך וחאלפניר רדדסעה:

Verset :

Ô Dieu des multitudes, régénère-nous, fais luire ta face et nous serons sauvés.

Deus virtutem converte nos et ostende faciem tuam et salvi erimus.

Elohim Tzevaoth hachivénou vehaher panéha ounivachehah.

Sceau :

38. HAAMIAH
Agla

חעפיה

Influence sur le physique:
du 29 septembre au 3 octobre.

Influence sur le spirituel:
28 avril, 12 juillet, 25 septembre,
6 décembre, 14 février.

Influence sur l'âme:
de 12:20 à 12:40.

Pour acquérir tous les trésors du
ciel et de la terre. Pour combattre
la foudre et les bêtes sauvages.

Verset:

Car tu as dit: «Le Seigneur est mon refuge!» Dans le Très-Haut, tu as
placé ton abri.

Quoniam tu es Domine spes mea altissimum posuisti refugium tuum.

Ki atah Adonaï maheci hélion sametah mehoneha.

Sceau:

39. REHAEL
Goot

ד העא ל

Influence sur le physique:
du 4 au 8 octobre.

Influence sur le spirituel:
29 avril, 13 juillet, 26 septembre,
7 décembre, 15 février.

Influence sur l'âme:
de 12:40 à 13:00.

Pour combattre la maladie. Pour obtenir la miséricorde de Dieu. Apporte la santé et la longévité. Influe sur l'amour paternel et filial, sur l'obéissance et le respect des enfants envers leurs parents.

שמע־יהוה וחנ̤ני יהדה היה עזר לי!

Verset:

Écoute, Seigneur, et prends-moi en pitié; Éternel, sois mon Sauveur!

Audivit Dominus et misertus est mei: Dominus factus est meus adjutor.

Chemah Adonaï vehanéni Adonaï éyé ozer li.

Sceau:

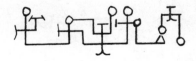

40. IEIAZEL
Goed

ר ד צ ל

Influence sur le physique:
du 9 au 13 octobre.

Influence sur le spirituel:
30 avril, 14 juillet, 27 septembre,
8 décembre, 16 février.

Influence sur l'âme:
de 13:00 à 13:20.

Rend tous les hommes heureux.
Console les malheureux et délivre les prisonniers. Favorable
aux imprimeurs, aux éditeurs et
aux libraires. Influe sur les écrivains et les artistes.

לכה יהדה תדכח כפזיר תסתיך הנך עזבֿ:

Verset:

Pourquoi, Seigneur, me délaisses-tu et dérobes-tu ta face?

Ut quid Domine repellis orationem meam, avertis faciem tuam a me.

Lamah, Adonaï, tizenah nafeshi tassetir panéha miméni.

Sceau:

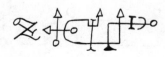

41. HAHAHEL
Gudi

הההאל

Influence sur le physique:
du 14 au 18 octobre.

Influence sur le spirituel:
1er mai, 15 juillet, 28 septembre,
9 décembre, 17 février.

Influence sur l'âme:
de 13:20 à 13:40.

Protège les hommes de foi contre les impies et les calomniateurs. Pour se consacrer au service de Dieu. Domine sur le christianisme, les missionnaires et tous les disciples du Christ. Influe sur les âmes pieuses, les ecclésiastiques et tout ce qui se rapporte au sacerdoce.

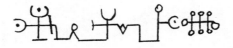

Verset:

Seigneur, délivre-moi des lèvres mensongères et de la langue perfide.

Domine libera animam meam a labiis iniquis et à lingua dolosa.

Adonaï hatzilah nafeshi missefath-che-ker milashone lemiyah.

Sceau:

42. MIKHAEL
Biud

מיכאל

Influence sur le physique:
du 19 au 23 octobre.

Influence sur le spirituel:
2 mai, 16 juillet, 29 septembre,
10 décembre, 18 février.

Influence sur l'âme:
de 13:40 à 14:00.

Pour découvrir les conspirations.
Pour voyager en sûreté. Protège
les hommes politiques et tous les
gouvernants.

Verset:

Que le Seigneur protège ton âme de tout mal désormais, et protège ta
vie!

Dominus custodit te ab omni malo: custodiat animam tuam Dominus.

Adonaï yichemareha mikol-rah yichemor heth-nafesheba.

Sceau:

43. VEULIAH
Solu

וד ל יה

Influence sur le physique :
du 24 au 28 octobre.

Influence sur le spirituel :
3 mai, 17 juillet, 30 septembre,
11 décembre, 19 février.

Influence sur l'âme :
de 14:00 à 14:20.

Pour détruire tous les ennemis et
être délivré de l'esclavage spirituel. Pour les militants syndica-
listes. Pour être délivré des op-
pressions patronales. Préside à la
paix et influe sur la prospérité
des États. Affermit les gouverne-
ments chancelants.

רד בי וֹ וֹ ר יד יהדח טו עתדכבקד חברתי חכדבד :

Verset :

Mais moi, je crie vers toi, Éternel ; dès le matin, ma prière va vers Toi.

Et ego ad te, Domine, clamavi et mane oratio mea praeveniet te.

Vahani héléha Adonaï chivaheti ouvaboker tefilati tekademéha.

Sceau :

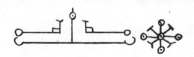

44. IELAHIAH
Bosa

רלהלה

Influence sur le physique :
du 29 octobre au 2 novembre.

Influence sur le spirituel :
4 mai, 18 juillet, 1er octobre,
12 décembre, 20 février.

Influence sur l'âme :
de 14:20 à 14:40.

Pour la réussite d'une entreprise
utile à l'humain. Protège lorsqu'on subit un procès avec l'aide
des magistrats. Protège contre les
armes. Donne la victoire.

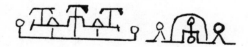

Verset :

Daigne agréer, Seigneur, les vœux de ma bouche et m'enseigner tes lois.

Voluntaria oris mei beneplacita fac, Domine, et judicia tua doce me.

Nidevod pi retzeh-nah Adonaï oumichepa-téha lamedéni.

Sceau :

45. SEALIAH
Hobo

סאליה

Influence sur le physique :
du 3 au 7 novembre.

Influence sur le spirituel :
5 mai, 19 juillet, 2 octobre,
13 décembre, 21 février.

Influence sur l'âme :
de 14:40 à 15:00.

Pour confondre les méchants et
les jaloux de manière à obtenir sa
vraie place dans la société. Re-
lève ceux qui sont humiliés et
déchus. Domine sur la végétation. Porte la vie et la santé dans
tout ce qui respire. Influe sur la
nature.

אם-חכרתי טעה רגלי חסדך יהוה יסעדני׃

Verset :

Lorsque je dis : «Mon pied va chanceler», ta grâce, Éternel, vient me
soutenir.

*Si dicebam : motus est pes meus misericordia tua, Domine, adjuvebat
me.*

Him-amarti matah ragueli hassedéha Adonaï yissehadéni.

Sceau :

46. ARIEL
Pino

עֲרִיאֵל

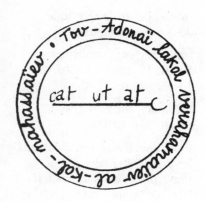

Influence sur le physique:
du 8 au 12 novembre.

Influence sur le spirituel:
6 mai, 20 juillet et 21 juillet
jusqu'à midi, 3 octobre,
14 décembre, 22 février.

Influence sur l'âme:
de 15:00 à 15:20.

Pour avoir des révélations. Pour découvrir les objets et les trésors cachés, au besoin les voir en rêve. On prononce alors la demande avec les noms divins suivie du psaume. Révèle les plus grands secrets de la nature. Fait voir en songe les objets que l'on désire.

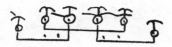

Verset:

Le Seigneur est bon pour tous; sa pitié s'étend à toutes ses créatures.

Suavait Dominus universus et miserationes ejus super omnia opera ejus.

Tov-Adonaï lakol verahamaïev al-kol-mahassaïev.

Sceau:

47. ASALIAH
Hana

עטליה

Influence sur le physique :
du 13 au 17 novembre.

Influence sur le spirituel :
7 mai, 21 juillet à midi et
22 juillet, 4 octobre,
15 décembre, 23 février.

Influence sur l'âme :
de 15:20 à 15:40.

Pour s'élever vers le Seigneur Dieu, afin d'obtenir la justice et faire connaître la vérité. Influe sur les hommes probes et ceux qui élèvent leur esprit à la contemplation des choses divines.

מַה־רַבֿךֿ עַיֲעֶיךֿ יְהֹוָה כֻּלָּם ::חִכְמָה עֲזִיתָֿ טלאּה
הָיּרֶץ קִנְֿבֶֿךֿ:

Verset :

Que tes œuvres sont grandes, ô Seigneur ! Toutes, tu les as faites avec sagesse ; la terre est remplie de tes créations.

Quam magnificata sunt opera tua, Domine, Omnia in sapientia fecisti : impleta est terra possessione tua.

Mah-rabouh ahasséhah Adonaï koulam beho-hemah hassitah malehah haharetz kineiané-hah.

Sceau :

48. MIHAEL
Zaca

מ י ה א ל

Influence sur le physique :
du 18 au 22 novembre.

Influence sur le spirituel :
8 mai, 22 juillet à midi,
23 juillet, 5 octobre,
16 décembre, 24 février.

Influence sur l'âme :
de 15:40 à 16:00.

Pour conserver la paix et l'union dans un ménage. Donne aussi des inspirations secrètes sur l'avenir. Protège ceux qui ont recours à lui. Donne des pressentiments et des inspirations secrètes sur tout ce qui arrive. Domine sur la génération des êtres et influe sur l'amitié et la fidélité conjugale.

זכר חסדו ואמונתו לבית־ישראל ראו כל־אפסי־
ארץ את ישועה אלהינו:

Verset :

Il se souvient de sa bonté pour la maison d'Israël ; toutes les extrémités de la terre ont été témoins du secours de notre Dieu.

Recordatus est misericordiae suae, et veritatis suae domui Israël. Viderunt omnes termini terrae salutare Dei nostri.

Zahar hassedo véhémounato levet Israêl rahou kol-hafessé-haretz heth iechouah hélohénou.

Sceau :

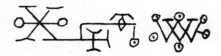

49. VEHUEL
Mara

דהוד אל

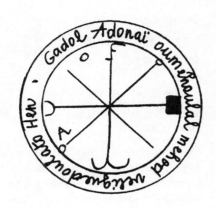

Influence sur le physique :
du 23 au 27 novembre.

Influence sur le spirituel :
9 mai, 24 juillet, 6 octobre,
17 décembre, 25 février.

Influence sur l'âme :
de 16:00 à 16:20.

Pour s'exalter en Dieu et le glori-
fier de ses bontés. Pour avoir la
paix et chasser les chagrins et les
contrariétés. Console ceux qui
ont de la peine. Domine sur les
grands personnages et sur ceux
qui se distinguent et s'élèvent par
leurs talents ou leurs vertus.

גררך יחדה רסחלל כאד דלגדלתך ::ין חקר!

Verset :

L'Éternel est grand et justement glorifié ; sa grandeur est sans bornes.

Magnus Dominus et laudabilis nimis et magnitudinis ejus non est finis.

Gadol Adonaï oumehoulal mehod veliguedoulato Hen Héker.

Sceau :

50. DANIEL
Pola

דגיאל

Influence sur le physique:
du 28 novembre au 2 décembre.

Influence sur le spirituel:
10 mai, 25 juillet, 7 octobre,
18 décembre, 26 février.

Influence sur l'âme:
de 16:20 à 16:40.

Pour obtenir la miséricorde de Dieu, avoir la consolation. Donne l'inspiration utile lors de situations embarrassantes. Domine sur la justice, les avocats, les avoués et tous les magistrats. Donne des inspirations à ceux qui sont embarrassés par plusieurs choix et ne savent pas quelle solution apporter.

רחם וחכון יהרה אדרך אפיכ דדנ-חסד:

Verset:

L'Éternel est clément et miséricordieux; tardif à la colère et plein de bienveillance.

Miserator et misericors Dominus, longa-nimis et multum misericors.

Rahoum vehanoun Adonaï éréhhapayïm verav-hamed.

Sceau:

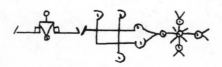

51. HAHASIAH
Bila

הַחֲסִיה

Influence sur le physique:
du 3 au 7 décembre.

Influence sur le spirituel:
11 mai, 26 juillet, 8 octobre,
19 décembre, 27 février.

Influence sur l'âme:
de 16:40 à 17:00.

Pour découvrir les mystères de la
sagesse. Élève l'âme à la contemplation des choses divines.
Domine sur la chimie et la physique. Révèle les plus grands secrets de la nature, notamment en
alchimie: la pierre philosophale
et la médecine universelle.

יְהִי בכדד יהוה לעדלה יטבה יהרה כפעשׂיד:

Verset:

Que la gloire de l'Éternel dure à jamais; que le Seigneur se réjouisse de
ses œuvres.

Sit gloria Domini in saeculum lœtabitur Dominus in operibus suis.

Iehi kevod Adonaï leholam yissemah Adonaï bemahassaïv.

Sceau:

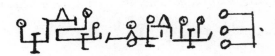

52. IMAMIAH
Abag

עממיה

Influence sur le physique:
du 8 au 12 décembre.

Influence sur le spirituel:
12 mai et 13 mai jusqu'à midi,
27 juillet, 9 octobre,
20 décembre, 28 et 29 février.

Influence sur l'âme:
de 17:00 à 17:20.

Pour détruire la puissance des ennemis et de tous ceux qui vous veulent du mal. Protège lors de voyages, ainsi que les prisonniers qui font appel à lui et les inspire pour obtenir leur liberté. Influe sur tous ceux qui cherchent la vérité de bonne foi et reviennent, à la suite de leurs erreurs, sincèrement à Dieu.

אָדרה יהוה בציָדקד רְיָוְקָדה סח-יְהדה עַליָדרַן:

Verset:

Je rendrai grâce à l'Éternel pour sa justice; je chanterai le nom du Dieu Très-Haut.

Confitebor, Domine, secundum justitiam ejus et psallam nomini Domini altissimi.

Odeh Adonaï ketzidekoh vahazamerah chem-Adonaï hélione.

Sceau:

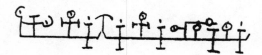

53. NANAEL
Obra

בכאוונל

Influence sur le physique:
du 13 au 16 décembre.

Influence sur le spirituel:
13 mai à midi et 14 mai,
28 juillet, 10 octobre,
21 décembre, 1er mars.

Influence sur l'âme:
de 17:20 à 17:40.

Aide à la contemplation. Favorise les études. Domine sur les hautes sciences. Protège les hommes de loi.

Verset:

Je sais, Seigneur, que tes arrêts sont toute justice, et que c'est équitablement que tu m'as humilié.

Cognovi Domine qui aequitas judicia tua et virtute tua humiliasti me.

Iadaheti Adonaï ki-tzédek michepatéhah vehémounah hinitani.

Sceau:

54. NITHAEL
Bora

בידתא‎ל

Influence sur le physique:
du 17 au 21 décembre.

Influence sur le spirituel:
15 mai, 29 juillet, 11 octobre,
22 décembre, 2 mars.

Influence sur l'âme:
de 17:40 à 18:00.

Pour vivre longtemps en bonne
santé, et obtenir la miséricorde
de Dieu. Pour avoir de la chance.
Protège ceux qui veulent conserver leur emploi. Veille sur la stabilité des États.

יְהֹוָה בְּשָׁמַיִם הֵכִין כִּסְאוֹ דַּיְלְכַדַּאך וּכָל–עֲכָּלה‎:

Verset:

L'Éternel a établi son trône dans les Cieux; et sa royauté domine sur
toutes choses.

*Dominus in cœlo paravit sedem suam: et regnum ipsius omnibus domi-
nabitur.*

Adonaï lachamaïm behine kisseho ouma lehouto bakol machalah.

Sceau:

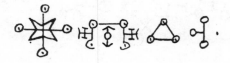

55. MEBAHIAH
Alay

מ בהיה

Influence sur le physique :
du 22 au 26 décembre.

Influence sur le spirituel :
16 mai, 30 juillet, 12 octobre,
23 décembre, 3 mars.

Influence sur l'âme :
de 18:00 à 18:20.

Pour ceux qui désirent avoir des
enfants et être consolés. Facilite
l'accouchement. Domine sur la
morale et la religion. Influe sur
ceux qui la protègent de tous
leurs pouvoirs et leurs moyens.

וְהַתָּה יהוה לְעוֹלָם תֵּשֵׁב וְזִכְרְךָ לְדֹר וָדֹר:

Verset :

Mais Toi, Éternel, Tu trônes à jamais, et ton nom dure, de génération en
génération.

*Tu autem, Domine, in aeternum permanes et memoriale tuum in genera-
tionem.*

Vehatah, Adonaï, leolam téshev veziheréha ledor vador.

Sceau :

56. POYEL
IIIi

פוֹיֵל

Influence sur le physique:
du 27 au 31 décembre.

Influence sur le spirituel:
17 mai, 31 juillet, 13 octobre,
24 décembre, 4 mars.

Influence sur l'âme:
de 18:20 à 18:40.

Pour obtenir ce que l'on désire.
Pour acquérir la gloire. Pour for-
cer la renommée, la fortune et la
philosophie.

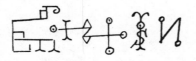

Verset:

L'Éternel soutient tous ceux qui tombent et redresse tous ceux qui sont
courbés.

Allevat Dominus omnes qui corruunt et erigit omnes elisos.

Someh Adonaï lehol-hanofelime vezokèfe lehol-hakefoufime.

Sceau:

57. NEMAMIAH
Popa

נממיה

Influence sur le physique :
du 1er au 5 janvier.

Influence sur le spirituel :
18 mai, 1er août, 14 octobre,
25 décembre, 5 mars.

Influence sur l'âme :
de 18:40 à 19:00.

Pour avoir des affaires prospères
quel que soit le commerce. Délivre les prisonniers et assure leur
protection. Domine sur ceux qui
combattent pour une cause juste.

יהי יורה היחד כיהוה יעזרם וגבב ו הדי

Verset :

Pour ceux qui mettent leur confiance dans le Seigneur ; il est leur secours
et leur protecteur.

*Qui timent Dominum speraverunt in Domino ; adjutor eorum et protec-
tor eorum est.*

Yirehé Adonaï bitehou va-Adonaï ézeram oumaguinam hou.

Sceau :

58. IEIALELH
Para

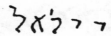

Influence sur le physique:
du 6 au 10 janvier.

Influence sur le spirituel:
19 mai, 2 août, 15 octobre,
26 décembre, 6 mars.

Influence sur l'âme:
de 19:00 à 19:20.

Contre les chagrins. Guérit les maladies, principalement les maux d'yeux. Domine sur le fer. Influe sur les armuriers, les serruriers, les couteliers et ceux qui en font commerce. Confond les méchants et les faux témoins.

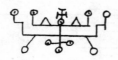

Verset:

Mon âme est bien troublée; et Toi, ô Éternel, jusqu'à quand?

Et anima mea turbata est valde; sed tu, Domine, usque quo?.

Venafeshi nivahahal mehod vehata Adonaï ad-mataï.

Sceau:

59. HARAHEL
Ella

הרחאל

Influence sur le physique :
du 11 au 15 janvier.

Influence sur le spirituel :
20 mai, 3 août, 16 octobre,
27 décembre jusqu'à midi,
7 mars.

Influence sur l'âme :
de 19:20 à 19:40.

Contre la stérilité des femmes.
Rend les enfants obéissants et
respectueux envers leurs parents.
Domine sur les trésors, les agents
de change, les fonds publics, les
archives, les bibliothèques. Influe sur l'imprimerie, la librairie
et tous ceux qui en font commerce.

ממזרח־שמש עד־מבואו מהלל שם־יהוה:

Verset :

Du soleil levant jusqu'à son couchant, que le nom de l'Éternel soit
célébré.

A solis ortu usque ad occasum, laudabile nomen Domini.

Minizerah chémesh ad-mevoho mehoulal chem Adonaï.

Sceau :

60. MITZRAEL
Gena

מיכאל

Influence sur le physique:
du 16 au 20 janvier.

Influence sur le spirituel:
21 mai, 4 août, 17 octobre,
27 décembre à midi et
28 décembre, 8 mars.

Influence sur l'âme:
de 19:40 à 20:00.

Pour guérir les maladies de l'esprit, les folies et les dépressions. Pour être délivré des persécutions. Domine sur les personnes illustres qui se distinguent par leurs talents et leurs vertus. Influe sur la fidélité et l'obéissance des subalternes.

קרוב יהוה לכל-קראיו לכל-אשר יקראהו באמת׃

Verset:

L'Éternel est proche de tous ceux qui l'invoquent, de tous ceux qui l'appellent avec sincérité.

Prope est Dominus omnibus invocantibus eum: omnibus invocantibus eum in veritate.

Karouv Adonaï lehol-korehaïev lehol asher yikerahouhou béhémet.

Sceau:

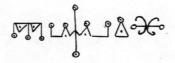

61. UMABEL
Sila

ל רֲבֲֿס ו

Influence sur le physique:
du 21 au 25 janvier.

Influence sur le spirituel:
22 mai, 5 août, 18 octobre,
28 décembre, 9 mars.

Influence sur l'âme:
de 20:00 à 20:20.

Pour obtenir l'amitié et l'amour
d'une personne. Procure aussi
des plaisirs honnêtes. Domine
sur l'astronomie et la physique.
Influe sur les spécialistes de ces
sciences.

יֱהֱי שֵׁם יֱהֱוֱה בֱּבֱרֱךֱ עֱ״תֱה דֱעֱד-עֱדֱלֱמֱ׃

Verset:

Que le nom du Seigneur soit béni, dès maintenant et à tout jamais.

Sit nomen Domini benedictum ex hoc nunc et usque in saeculum.

Yehi chem Adonaï mevorah méhatah vehad olam.

Sceau:

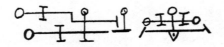

62. IAH-HEL
Suna

יהה אל

Influence sur le physique:
du 26 au 30 janvier.

Influence sur le spirituel:
23 mai, 6 août, 19 octobre,
29 décembre, 10 mars.

Influence sur l'âme:
de 20:20 à 20:40.

Pour acquérir la sagesse. Pour
devenir philosophe. Pour obtenir
des révélations. Aide à la méditation. Domine sur les philoso-
phies, les illuminés et ceux qui
veulent se retirer du monde.

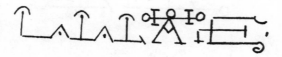

Verset:

Vois comme j'aime tes prescriptions, Seigneur; selon ta bonté, fais-moi
vivre.

*Vide quoniam mandata tua dilexi Domine, in misericordia tua vivifica
me.*

Rehé ki-fikouféha hahaveti Adonaï ke-hassedéha haiéni.

Sceau:

63. ANAUEL
Miri

עֻדֿראֿלֿ

Influence sur le physique:
du 31 janvier au 4 février.

Influence sur le spirituel:
24 mai, 7 août, 20 octobre,
30 décembre, 11 mars.

Influence sur l'âme:
de 20:40 à 21:00.

Pour conserver une bonne santé et se préserver des maladies et des accidents. Aide les banquiers et les financiers.

עֲהֹדֿ דֿ יָֹמֿ־יֿהֹוֹהֿ כֹֿ יֿרֹוֹאֿהֿ דֿגֹֿ יֿלֹדֿ הֹדֿעֿדֿ׃׃׃

Verset:

Adorez l'Éternel avec crainte, et réjouissez-vous en Lui avec tremblement.

Servite Domino in timore: et exultate ei cum tremore.

Ivedou heth-Adonaï beyirehah veguilou birehadah.

Sceau:

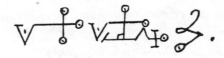

64. MEHIEL
Alli

מהיאל

Influence sur le physique :
du 5 au 9 février.

Influence sur le spirituel :
25 mai, 8 août, 21 octobre,
31 décembre, 12 mars.

Influence sur l'âme :
de 21 :00 à 21 :20.

Contre les pertes d'argent et
l'adversité. Protège des morsures
venimeuses. Aide les savants.
Exauce les prières et les vœux de
ceux qui croient en la miséricorde de Dieu. Domine sur les
professeurs, les orateurs, les auteurs et les écrivains. Influe sur
les imprimeries et les librairies et
ceux qui en font le commerce.

הנה עין יהוה אל־יראיו למיחלים לחסדו:

Verset :

Voici que les yeux du Seigneur sont ouverts sur ses adorateurs, sur ceux
qui ont foi en sa bonté.

*Ecce oculi Domini super metuentes eum; et in eis qui sperant super
misericordia ejus.*

Iné éyin Adonaï el-rahaïv lameyalim lehassedo.

Sceau :

65. DAMABIAH
Tara

דמביה

Influence sur le physique :
du 10 au 14 février.

Influence sur le spirituel :
26 mai, 9 août, 22 octobre,
1er janvier, 13 mars.

Influence sur l'âme :
de 21:20 à 21:40.

Contre tous les sortilèges. Pour réussir dans les entreprises commerciales utiles. Donne la sagesse et aide les grands voyageurs. Domine sur les fleuves, les mers, les sources, les expéditions maritimes et les constructions navales. Influe sur les marins, les pilotes, la pêche et surtout ceux qui en font le commerce.

פרכה יהוה עד־ כהי ותנהם על־עבדיך:

Verset :

Reviens, Seigneur! Jusqu'à quand? Reprends en pitié tes serviteurs.

Convertere Domine usquequo? Et deprecabilis esto super servos tuos.

Chouvah Adonaï ad-mataï vehinahim al-avadeha.

Sceau :

66. MANAKEL
Pora

זקכאל

Influence sur le physique :
du 15 au 19 février.

Influence sur le spirituel :
27 mai, 10 août, 23 octobre,
2 janvier, 14 mars.

Influence sur l'âme :
de 21 :40 à 22 :00.

Sert pour apaiser la colère de
Dieu. Donne des révélations par
les songes et guérit les infirmités
causées par la vieillesse. Domine
sur la végétation et les animaux
aquatiques. Influe sur le sommeil
et les songes.

אל־ותעזבני יהרה אלהי אל־תרהק ממני׃

Verset :

Ne me délaisse pas, Seigneur mon Dieu ; ne te tiens pas loin de moi.

Ne derelinquas me Domine, Deus meus ; ne discesseris a me.

Al tahassévéni Adonaï Elohaï al-tire-hak miméni.

Sceau :

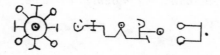

67. AYAEL
Bogo

איעאל

Influence sur le physique :
du 20 au 24 février.

Influence sur le spirituel :
28 mai, 11 août, 24 octobre,
3 janvier, 15 mars.

Influence sur l'âme :
de 22:00 à 22:20.

Pour avoir des consolations dans les adversités. Pour acquérir la sagesse. Favorise les prières. Domine sur les changements, la conservation des monuments et la longévité de la vie. Influe sur les sciences occultes et fait connaître la vérité à ceux qui ont recours à lui.

דהה עצג אל-יהוה ויתן-לך משאלת לבך:

Verset :

Cherche tes délices en l'Éternel et il t'accordera les demandes de ton cœur.

Delectare in Domino et dabit tibi petitiones cordis tui.

Vehitehanag al-Adonaï veyitène-leha michaloth libéha.

Sceau :

68. HABUHIAH
Depos

חבדיה

Influence sur le physique :
du 25 au 29 février.

Influence sur le spirituel :
29 mai, 12 août, 25 octobre,
4 janvier, 16 mars.

Influence sur l'âme :
de 22:20 à 22:40.

Pour conserver une bonne santé.
Pour être guéri des maladies.
Contre la stérilité. Domine sur
l'agriculture.

Verset :

Alleluia ! Rendez hommage à l'Éternel, car sa grâce dure à jamais.

Confitemini Domino quoniam bonus; quoniam in saeculum misericordia ejus.

Alleluia hodou la-Adonaï ki-tov ki le-holam assedo.

Sceau :

69. ROCHEL
Deos

ראהאל

Influence sur le physique:
du 1er au 5 mars.

Influence sur le spirituel:
30 mai, 13 août, 26 octobre,
5 janvier, 17 mars.

Influence sur l'âme:
de 22:40 à 23:00.

Pour retrouver les objets perdus
ou volés et pour connaître quel
est le voleur. Domine sur la renommée, la fortune et les successions. Influe sur les magistrats,
les avocats et les notaires.

יחוה כבת הלקי רבוסי :תח תועיך גורלי:

Verset:

Le Seigneur est ma part d'héritage et mon calice; c'est Toi qui garantis
mon lot.

*Dominus pars haereditatis meae et calicis mei; tu es qui restitues
haereditatem meam mihi.*

Adonaï menat hèleki vehossi atah tomih golali.

Sceau:

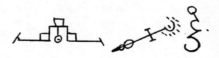

70. JABAMIAH
Aris

יבברה

Influence sur le physique :
du 6 au 10 mars.

Influence sur le spirituel :
31 mai, 14 août, 27 octobre,
6 janvier, 18 mars.

Influence sur l'âme :
de 23:00 à 23:20.

Protège ceux qui veulent se régé-
nérer, les aide à surmonter le
temps et devenir purs. Est le pentacle de la création. Domine sur
la génération des êtres et les phénomènes de la nature. Est une
véritable alchimie spirituelle.

Verset :

Au commencement, Dieu créa le Ciel et la Terre.

In principio creavit Deus cœlum et terram.

Beréchit barah Eloïm heth hachamaïm veheth haharetz.

Sceau :

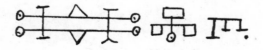

71. HAIAIEL
Zeut

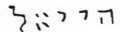

Influence sur le physique:
du 11 au 15 mars.

Influence sur le spirituel:
1er juin, 15 août, 28 octobre,
7 janvier, 19 mars.

Influence sur l'âme:
de 23:20 à 23:40.

Pour être délivré de l'oppression.
Pour obtenir une protection contre tous les ennemis et les profi-
teurs. Domine sur la victoire et la
paix. Influe sur le fer, les arsenaux et ce qui se rapporte au génie militaire.

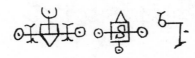

Verset:

Ma bouche abondera en louanges au Seigneur; au milieu de la foule, je
le louerai.

Confitebor Domino nimis in ore meo et in medio multorum laudabo
eum.

Odéh Adonaï mehod befi ouvetoh rabime hahalelénou.

Sceau:

72. MUMIAH
Alpha

מ ו כ י ה

Influence sur le physique:
du 16 au 20 mars.

Influence sur le spirituel:
2 juin, 16 et 17 août, 29 octobre,
8 janvier, 20 mars.

Influence sur l'âme:
de 23:40 à 24:00.

Fait réussit en toutes choses.
Influe sur la longévité de la vie.
Protège les opérations mysté-
rieuses. Conduit toute expé-
rience à sa fin. Domine sur la
chimie, la physique et la médecine.

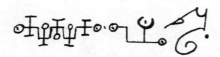

Verset:

Reviens, ô mon âme! à ta quiétude, car l'Éternel te comble de ses
bienfaits!

Convertere anima mea in requiem tuam: quia Dominus benefecit tibi.

Chouvi nafeshi limenouhaiehi ki-Adonaï gamal alayehi.

Sceau:

ANNEXES

La signification des 22 lettres hébraïques

Nom	Chiffre	Selon la kabbale	Selon le tarot	Idées communes	Forme
Alef	1	Père	Consultant	Volonté	א
Beth	2	Mère	Consultante	Science	ב
Ghimel	3	Nature	Initiative	Action	ג
Daleth	4	Autorité	Volonté	Réalisation	ד
Hé	5	Religion	Inspiration	Inspiration	ה
Vau	6	Liberté	Amour	Épreuve	ו
Zain	7	Propriété	Triomphe	Victoire	ז
Heth	8	Répartition	Justice	Équilibre	ח
Teth	9	Prudence	Prudence	Prudence	ט
Iod	10	Ordre	Destinée	Fortune	י
Caph	20	Force	Force	Force	כ
Lamed	30	Sacrifice	Sacrifice	Mort violente	ל
Mem	40	Mort	Mort	Transformation	מ
Noun	50	Réversibilité	Économie	Initiative	נ
Sameh	60	Être universel	Maladie	Fatalité	ס
Ain	70	Équilibre	Déception	Ruine	ע
Phé	80	Immortalité	Espérance	Espérance	פ
Tsadé	90	Ombre, reflet	Danger	Déception	צ
Koph	100	Lumière	Prospérité	Bonheur	ק
Resh	200	Reconnaissance	Changement	Renouvellement	ר
Shin	300	Toute-puissance	Folie	Expiation	ש
Thau	400	Synthèse	Réussite	Récompense	ת

La table des commutations

Cette table vient des significations des 22 lettres de l'alphabet, car c'est en fonction de la connaissance du rôle de chacune de ces lettres que cette table pourra être utilisée.

Cette table permet, à partir du nom donné à Dieu, à un archange, à un ange ou à un esprit élémentaire, de trouver un autre nom qui correspond davantage à vos besoins.

Le nom entre à droite et sort par l'une des colonnes choisies. Le nom à entrer est fonction des buts envisagés et la colonne de sortie est fonction d'une amélioration ou d'une perfection à envisager.

Exemple: B C D deviendra H V Z dans la cinquième colonne. Si l'on transpose tout à gauche, on obtient le nom du démon.

```
ת ש ר ק צ פ ע ס נ מ ל כ י ט ח ז ו ה ד ג ב א
א ת ש ר ק צ פ ע ס נ מ ל כ י ח ז ו ה ד ג ב
ב א ת ש ר ק צ פ ע ס נ מ ל כ י ט ח ז ו ה ד ג
ג ב א ת ש ר ק צ פ ע ס נ מ ל כ י ט ח ז ו ה ד
ד ג ב א ת ש ר ק צ פ ע ס נ מ ל כ י ט ח ז ו ה
ה ד ג ב א ת ש ר ק צ פ ע ס נ מ ל כ י ט ח ז ו
ו ה ד ג ב א ת ש ר ק צ פ ע ס נ מ ל כ י ט ח ז
ז ו ה ד ג ב א ת ש ר ק צ פ ע ס נ מ ל כ י ט ח
ח ז ו ה ד ג ב א ת ש ר ק צ פ ע ס נ מ ל כ י ט
ט ח ז ו ה ד ג ב א ת ש ר ק צ פ ע ס נ מ ל כ י
י ט ח ז ו ה ד ג ב א ת ש ר ק צ פ ע ס נ מ ל כ
כ י ט ח ז ו ה ד ג ב א ת ש ר ק צ פ ע ס נ מ ל
ל כ י ט ח ז ו ה ד ג ב א ת ש ר ק צ פ ע ס נ מ
מ ל כ י ט ח ז ו ה ד ג ב א ת ש ר ק צ פ ע ס נ
נ מ ל כ י ט ח ז ו ה ד ג ב א ת ש ר ק צ פ ע ס
ס נ מ ל כ י ט ח ז ו ה ד ג ב א ת ש ר ק צ פ ע
ע ס נ מ ל כ י ט ח ז ו ה ד ג ב א ת ש ר ק צ פ
פ ע ס נ מ ל כ י ט ח ז ו ה ד ג ב א ת ש ר ק צ
צ פ ע ס נ מ ל כ י ט ח ז ו ה ד ג ב א ת ש ר ק
ק צ פ ע ס נ מ ל כ י ט ח ז ו ה ד ג ב א ת ש ר
ר ק צ פ ע ס נ מ ל כ י ט ח ז ו ה ד ג ב א ת ש
ש ר ק צ פ ע ס נ מ ל כ י ט ח ז ו ה ד ג ב א ת
ת ש ר ק צ פ ע ס נ מ ל כ י ט ח ז ו ה ד ג ב א
```

La table des transpositions planétaires

L'utilisation de cette table est très simple. Il suffit de choisir le nom qui correspond en le faisant entrer par la droite. Selon la colonne planétaire choisie, on obtient un nom correspondant au génie planétaire. La dernière colonne, quant à elle, donne le nom du démon.

DÉMONS	Lune	Mercure	Vénus	Soleil	Mars	Jupiter	Saturne	A (ANGES)
ת	ז	ו	ה	ד	ג	ב	א	א
ש	נ	מ	ל	כ	י	ט	ח	ב
ר	ש	ר	ק	צ	פ	ע	ס	ג
ק	ו	ה	ד	ג	ב	א	ת	ד
צ	מ	ל	כ	י	ט	ח	ז	ה
פ	ר	ק	צ	פ	ע	ס	נ	ו
ע	ה	ד	ג	ב	א	ת	ש	ז
ס	ל	כ	י	ט	ח	ז	ו	ח
נ	ק	צ	פ	ע	ס	נ	מ	ט
מ	ד	ג	ב	א	ת	ש	ר	י
ל	כ	י	ט	ח	ז	ו	ה	כ
כ	צ	פ	ע	ס	נ	מ	ל	ל
י	ג	ב	א	ת	ש	ר	ק	מ
ט	י	ט	ח	ז	ו	ה	ד	נ
ח	פ	ע	ס	נ	מ	ל	כ	ס
ז	ב	א	ת	ש	ר	ק	צ	ע
ו	ט	ח	ז	ו	ה	ד	ג	פ
ה	ע	ס	נ	מ	ל	כ	י	צ
ד	א	ת	ש	ר	ק	צ	פ	ק
ג	ח	ז	ו	ה	ד	ג	ב	ר
ב	ס	נ	מ	ל	כ	י	ט	ש
א	ת	ש	ר	ק	צ	פ	ע	ת

ᴰ   ♄ ♃ ♂ ☉ ♀ ☿ ☽

La table des transpositions zodiacales

Cette table fonctionne de la même façon que celle des transpositions planétaires. Selon la colonne choisie, on obtient le nom d'un génie astrologique qui préside tel ou tel signe.

DÉMONS (côté gauche) — **ANGES** (côté droit)

♓	♒	♑	♐	♏	♎	♍	♌	♋	♊	♉	♈	A
ת	ל	כ	י	ט	ח	ה	ז	ו	ה	ד	ג	ב · א
ש	א	ה	ג	ד	ה	ו	ז	ח	ט	י	כ	ל · ב
ר	ב	ה	ש	ת	ר	ק	פ	ע	ס	נ	מ	מ · ג
ק	מ	ט	נ	ס	ע	פ	צ	ק	ר	ש	ת	א · ד
צ	נ	מ	נ	כ	ל	י	ט	ח	ז	ו	ה	ד · ה
פ	ג	נ	ד	ה	ז	ו	ז	ח	ט	י	כ	ל · ו
ע	ד	ג	ב	ה	ש	ת	ר	ק	פ	צ	ע	ז · ז
ס	ד	ג	ב	ה	ת	ר	ק	פ	צ	פ	ס	ח · ח
נ	ע	ס	ל	מ	כ	ל	י	ט	ח	ז	ו	ה · ט
מ	ח	ר	ו	ז	ט	י	כ	ל	מ	נ	ס	ע · י
ל	ו	ה	ד	ה	ג	ב	א	ת	ש	ר	ק	פ · כ
כ	פ	צ	ק	ר	ש	ת	א	ב	ג	ד	ה	ו · ל
י	צ	פ	ע	ס	נ	מ	ל	כ	י	ט	ח	ז · מ
ט	ז	ח	ט	י	כ	ל	מ	נ	ס	ע	פ	צ · נ
ח	ר	ק	צ	פ	ע	ס	נ	מ	ל	כ	י	ו · ס
ז	ח	ז	ו	ה	ד	ג	ב	א	ת	ש	ר	ק · ע
ו	ט	י	כ	ל	מ	נ	ס	ע	פ	צ	ק	ר · פ
ה	ר	ק	צ	פ	ע	ס	מ	נ	ל	כ	י	צ · צ
ד	ט	א	ג	ד	ה	ו	ז	ח	ה	י	כ	ק · ק
ג	י	ט	ח	ז	ו	ה	ד	ג	ב	א	ת	ר · ר
ב	ת	ר	ק	צ	פ	ע	ס	נ	מ	ל	כ	ס · ס
א	כ	ל	מ	נ	ס	ע	פ	צ	ק	ר	ש	ת · ת

| D | ♈ | ♉ | ♊ | ♋ | ♌ | ♍ | ♎ | ♏ | ♐ | ♑ | ♒ | ♓ | X |

La roue du zodiaque

Les aspects planétaires

Un aspect planétaire est un écart angulaire formé entre le Soleil, la Lune et les planètes, ou même le MC et l'ascendant (AS).

L'aspect planétaire n'est pas seulement actif lorsqu'il s'inscrit au point précis de l'angle, mais il est déjà quelques degrés avant et quelques degrés après, selon l'orbe indiqué ci-dessous.

Les aspects planétaires peuvent être harmoniques, dissonants ou neutres. Ils se divisent en aspects majeurs et en aspects mineurs.

LES ASPECTS MAJEURS		
Écart entre les planètes	Orbe	Nature
CONJONCTION 0°	8°	Neutre
SEXTILE 60°	6°	Harmonique
QUADRATURE 90°	8°	Dissonant
TRIGONE 120°	8°	Harmonique
OPPOSITION 180°	8°	Dissonant ou neutre

LES ASPECTS MINEURS

On ne tient compte des aspects mineurs que s'ils sont exacts, c'est-à-dire sans orbe.

Semi-sextile	30°	Harmonique
Semi-quadrature	45°	Dissonant
Sesqui-quadrature	135°	Dissonant
Quinconce	150°	Neutre

Les degrés régis par la rotation des génies

Génie					
VEHUIAH	1	73	145	217	289
JELIEL	2	74	146	218	290
SITAEL	3	75	147	219	291
ELEMIAH	4	76	148	220	292
MAHASIAH	5	77	149	221	293
LEHAHEL	6	78	150	222	294
ACHAIAH	7	79	151	223	295
CAHETHEL	8	80	152	224	296
HAZIEL	9	81	153	225	297
ALADIAH	10	82	154	226	298
LAUVIAH	11	83	155	227	299
HAHAIAH	12	84	156	228	300
IEZALEL	13	85	157	229	301
MEBAHEL	14	86	158	230	302
HARIEL	15	87	159	231	303
HAKAMIAH	16	88	160	232	304
LAUVIAH2	17	89	161	233	305
CALIEL	18	90	162	234	306
LEUVIAH	19	91	163	235	307
PAHALIAH	20	92	164	236	308
NELCHAEL	21	93	165	237	309
YEIAEL	22	94	166	238	310
MELAHEL	23	95	167	239	311
HAHEUIAH	24	96	168	240	312
NITH-HAIAH	25	97	169	241	313
HAAIAH	26	98	170	242	314
IERATHEL	27	99	171	243	315
SEHEIAH	28	100	172	244	316
REIYEL	29	101	173	245	317
OMAEL	30	102	174	246	318
LECABEL	31	103	175	247	319
VASARIAH	32	104	176	248	320
IEHUIAH	33	105	177	249	321
LEHAHIAH	34	106	178	250	322
CHAVAKIAH	35	107	179	251	323
MENADEL	36	108	180	252	324
ANIEL	37	109	181	253	325
HAAMIAH	38	110	182	254	326
REHAEL	39	111	183	255	327
IEIAZEL	40	112	184	256	328
HAHAHEL	41	113	185	257	329
MIKAEL	42	114	186	258	330
VEULIAH	43	115	187	259	331
IELAHIAH	44	116	188	260	332
SEALIAH	45	117	189	261	333
ARIEL	46	118	190	262	334
ASALIAH	47	119	191	263	335
MIHAEL	48	120	192	264	336
VEHUEL	49	121	193	265	337
DANIEL	50	122	194	266	338
HAHASIAH	51	123	195	267	339
IMAMIAH	52	124	196	268	340
NANAEL	53	125	197	269	341
NITHAEL	54	126	198	270	342
MEBAHIAH	55	127	199	271	343
POYEL	56	128	200	272	344
NEMAMIAH	57	129	201	273	345
IEIALELH	58	130	202	274	346
HARAHEL	59	131	203	275	347
MITZRAEL	60	132	204	276	348
UMABEL	61	133	205	277	349
IAH-HEL	62	134	206	278	350
ANAUEL	63	135	207	279	351
MEHIEL	64	136	208	280	352
DAMABIAH	65	137	209	281	353
MANAKEL	66	138	210	282	354
AYAEL	67	139	211	283	355
HABUHIAH	68	140	212	284	356
ROCHEL	69	141	213	285	357
JABAMIAH	70	142	214	286	358
HAIAIEL	71	143	215	287	359
MUMIAH	72	144	216	288	360

Le tableau du nom des anges en lettres hébraïques

1	VEHUIAH	Vav Hé Vav Yod Hé
2	JELIEL	Yod Lamed Yod Aleph Lamed
3	SITAEL	Samed Yod Teith Aleph Lamed
4	ELEMIAH	Ayn Lamed Mem Yod Hé
5	MAHASIAH	Mem Hé Shin Yod Hé
6	LELAHEL	Lamed Lamed Hé Aleph Lamed
7	ACHAIAH	Aleph Khaf Aleph Yod Hé
8	CAHETHEL	Khaf Hé Tav Aleph Lamed
9	HAZIEL	Hé Zaïn Yod Aleph Lamed
10	ALADIAH	Aleph Lamed Saleth Yod Hé
11	LAUVIAH	Lamed Hé Vav Yod Hé
12	HAHAIAH	Hé Hé Ayn Yod Hé
13	IEZALEL	Yod Zaïn Lamed Aleph Lamed
14	MEBAHEL	Mem Beith Hé Aleph Lamed
15	HARIEL	Hé Resh Yod Aleph Lamed
16	HAKAMIAH	Hé Quof Mem Yod Hé
17	LAUVIAH2	Lamed Aleph Vav Yod Hé
18	CALIEL	Khaf Lamed Yod Aleph Lamed
19	LEUVIAH	Lamed Vav Vav Yod Hé
20	PAHALIAH	Phé Hé Lamed Yod Hé
21	NELCHAEL	Noun Lamed Khaf Aleph Lamed
22	YEIAIEL	Yod Yod Yod Aleph Lamed
23	MELAHEL	Mem Lamed Hé Aleph Lamed
24	HAHEUIAH	Hé Hé Vav Yod Hé
25	NITH-HAIAH	Noun Tav Hé Yod Hé
26	HAAIAH	Hé Aleph Aleph Yod Hé
27	IERATHEL	Yod Resh Tav Aleph Lamed
28	SEHEIAH	Shin Aleph Hé Yod Hé
29	REHIEL	Resh Yod Yod Aleph Lamed
30	OMAEL	Vav Mem Aleph Aleph Lamed
31	LECABEL	Lamed Khaf Beth Aleph Lamed
32	VASARIAH	Vav Shin Resh Yod Hé
33	IEHUIAH	Yod Hé Vav Yod Hé
34	LEHAHIAH	Lamed Hé Hé Yod Hé
35	CHAVAKIAH	Khaf Vav Quof Yod Hé
36	MENADEL	Mem Noun Daleth Aleph Lamed
37	ANIEL	Aleph Noun Yod Aleph Lamed
38	HAAMIAH	Hé Ayn Mem Yod Hé
39	REHAEL	Resh Hé Ayn Aleph Lamed
40	IEIAZEL	Yod Yod Zaïn Aleph Lamed
41	HAHAHEL	Hé Hé Hé Aleph Lamed
42	MIKHAEL	Mem Yod Khaf Aleph Lamed
43	VEULIAH	Vav Vav Lamed Yod Hé

44	IELAHIAH	Yod Lamed Hé Yod Hé
45	SEALIAH	Sameh Aleph Lamed Yod Hé
46	ARIEL	Ayn Resh Yod Aleph Lamed
47	ASALIAH	Ayn Shin Lamed Yod Hé
48	MIHAEL	Mem Yod Hé Aleph Lamed
49	VEHUEL	Vav Hé Vav Aleph Lamed
50	DANIEL	Daleth Noun Yod Aleph Lamed
51	HAHASIAH	Hé Hé Shin Yod Hé
52	IMAMIAH	Ayn Mem Mem Yod Hé
53	NANAEL	Noun Noun Aleph Aleph Lamed
54	NITHAEL	Noun Yod Tav Aleph Lamed
55	MEBAHIAH	Mem Beth Hé Yod Hé
56	POYEL	Phé Yod Yod Aleph Lamed
57	NEMAMIAH	Noun Mem Mem Yod Hé
58	IEIALELH	Yod Yod Lamed Aleph Lamed
59	HARAHEL	Hé Resh Hé Aleph Lamed
60	MITZRAEL	Mem Tsadé Resh Aleph Lamed
61	UMABEL	Vav Mem Beith Aleph Lamed
62	IAH-HEL	Yod Hé Hé Alpeh Lamed
63	ANAUEL	Ayn Noun Vav Aleph Lamed
64	MEHIEL	Mem Hé Yod Aleph Lamed
65	DAMABIAH	Daleth Mem Daleth Yod Hé
66	MANAKEL	Mem Noun uof Aleph Lamed
67	AYAEL	Aleph Yod Ayn Aleph Lamed
68	HABUHIAH	Hé Beith Vav Yod Hé
69	ROCHEL	Resh Aleph Hé Aleph Lamed
70	JABAMIAH	Yod Beith Mem Yod Hé
71	HAIAIEL	Hé Yod Yod Aleph Lamed
72	MUMIAH	Mem Vav Mem Yod Hé

Le tableau des anges et des correspondances zodiacales

1	Vehuiah	0° à 5° du Bélier	21 au 25 mars
2	Jeliel	5° à 10° du Bélier	26 au 30 mars
3	Sitael	10° à 15° du Bélier	31 mars au 4 avril
4	Elemiah	15° à 20° du Bélier	5 au 9 avril
5	Mahasiah	20° à 25° du Bélier	10 au 14 avril
6	Lelahel	25° à 30° du Bélier	15 au 20 avril
7	Achaiah	0° à 5° du Taureau	21 au 25 avril
8	Cahethel	5° à 10° du Taureau	26 au 30 avril
9	Haziel	10° à 15° du Taureau	1er au 5 mai
10	Aladiah	15° à 20° du Taureau	6 au 10 mai
11	Lauviah	20° à 25° du Taureau	11 au 15 mai
12	Hahaiah	25° à 30° du Taureau	16 au 20 mai
13	Iezalel	0° à 5° des Gémeaux	21 au 25 mai
14	Mebahel	5° à 10° des Gémeaux	26 au 31 mai
15	Hariel	10° à 15° des Gémeaux	1er au 5 juin
16	Hakamiah	15° à 20° des Gémeaux	6 au 10 juin
17	Lauviah 2	20° à 25° des Gémeaux	11 au 15 juin
18	Caliel	25° à 30° des Gémeaux	16 au 21 juin
19	Leuviah	0° à 5° du Cancer	22 au 26 juin
20	Pahaliah	5° à 10° du Cancer	27 juin au 1er juillet
21	Nelchael	10° à 15° du Cancer	2 au 6 juillet
22	Yeiael	15° à 20° du Cancer	7 au 11 juillet
23	Melahel	20° à 25° du Cancer	12 au 16 juillet
24	Haheuiah	25° à 30° du Cancer	17 au 22 juillet
25	Nith-Haiah	0° à 5° du Lion	23 au 27 juillet
26	Haaiah	5° à 10° du Lion	28 juillet au 1er août
27	Ierathel	10° à 15° du Lion	2 au 6 août
28	Seheiah	15° à 20° du Lion	7 au 12 août
29	Rehiel	20° à 25° du Lion	13 au 17 août
30	Omael	25° à 30° du Lion	18 au 22 août
31	Lecabel	0° à 5° de la Vierge	23 au 28 août
32	Vasariah	5° à 10° de la Vierge	29 au 2 septembre
33	Iehuiah	10° à 15° de la Vierge	3 au 7 septembre
34	Lehahiah	15° à 20° de la Vierge	8 au 12 septembre
35	Chavakiah	20° à 25° de la Vierge	13 au 17 septembre
36	Menadel	25° à 30° de la Vierge	18 au 23 septembre
37	Aniel	0° à 5° de la Balance	24 au 28 septembre
38	Haamiah	5° à 10° de la Balance	29 septembre au 3 octobre
39	Rehael	10° à 15° de la Balance	4 au 8 octobre
40	Ieiazel	15° à 20° de la Balance	9 au 13 octobre
41	Hahahel	20° à 25° de la Balance	14 au 18 octobre
42	Mikhael	25° à 30° de la Balance	19 au 23 octobre

43	Veuliah	0° à 5° du Scorpion	24 au 28 octobre
44	Ielahiah	5° à 10° du Scorpion	29 octobre au 2 novembre
45	Sealiah	10° à 15° du Scorpion	3 au 7 novembre
46	Ariel	15° à 20° du Scorpion	8 au 12 novembre
47	Asaliah	20° à 25° du Scorpion	13 au 17 novembre
48	Mihael	25° à 30° du Scorpion	18 au 22 novembre
49	Vehuel	0° à 5° du Sagittaire	23 au 27 novembre
50	Daniel	5° à 10° du Sagittaire	28 novembre au 2 décembre
51	Hahasiah	10° à 15° du Sagittaire	3 au 7 décembre
52	Imamiah	15° à 20° du Sagittaire	8 au 12 décembre
53	Nanael	20° à 25° du Sagittaire	13 au 16 décembre
54	Nithael	25° à 30° du Sagittaire	17 au 21 décembre
55	Mebahiah	0° à 5° du Capricorne	22 au 26 décembre
56	Poyel	5° à 10° du Capricorne	27 au 31 décembre
57	Nemamiah	10° à 15° du Capricorne	1er au 5 janvier
58	Ieialelh	15° à 20° du Capricorne	6 au 10 janvier
59	Harahel	20° à 25° du Capricorne	11 au 15 janvier
60	Mitzrael	25° à 30° du Capricorne	16 au 20 janvier
61	Umabel	0° à 5° du Verseau	21 au 25 janvier
62	Iah-Hel	5° à 10° du Verseau	26 au 30 janvier
63	Anauel	10° à 15° du Verseau	31 janvier au 4 février
64	Mehiel	15° à 20° du Verseau	5 au 9 février
65	Damabiah	20° à 25° du Verseau	10 au 14 février
66	Manakel	25° à 30° du Verseau	15 au 19 février
67	Ayael	0° à 5° des Poissons	20 au 24 février
68	Habuhiah	5° à 10° des Poissons	25 au 29 février
69	Rochel	10° à 15° des Poissons	1er au 5 mars
70	Jabamiah	15° à 20° des Poissons	6 au 10 mars
71	Haiaiel	20° à 25° des Poissons	11 au 15 mars
72	Mumiah	25° à 30° des Poissons	16 au 20 mars

La classification des génies

SERAPHINS KETHER		CHERUBINS HOCHMAH ♅		TRONES BINAH ♄	
1 Véhuiah	♅	9 Haziel	♅	17 Lauviah	♅
2 Yéliel	♄	10 Aladiah	♄	18 Caliel	♄
3 Sitaël	♃	11 Lauviah	♃	19 Lauviah	♃
4 Elémiah	♂	12 Hahaiah	♂	20 Pahaliah	♂
5 Mahasiah	☉	13 Yézalel	☉	21 Nelchael	☉
6 Lélahel	♀	14 Mébahel	♀	22 Yéiael	♀
7 Achaiah	☿	15 Hariel	☿	23 Mélahel	☿
8 Cahétel	☽	16 Hékamiah	☽	24 Haheuiah	☽

DOMINATIONS HESED ♃		PUISSANCES GUEVOURAH ♂		VERTUS TIPHERETH ☉	
25 Nith-Haia	♅	33 Yéhuiah	♅	41 Hahahel	♅
26 Haaiah	♄	34 Lehahiah	♄	42 Mikael	♄
27 Yératel	♃	35 Khavaquiah	♃	43 Véuliah	♃
28 Séhéiah	♂	36 Menadel	♂	44 Yélahiah	♂
29 Reyiel	☉	37 Aniel	☉	45 Séaliah	☉
30 Omael	♀	38 Haamiah	♀	46 Ariel	♀
31 Lécabel	☿	39 Réhael	☿	47 Asaliah	☿
32 Vasariah	☽	40 Yéiazel	☽	48 Mihael	☽

PRINCIPAUTES NETZAH ♀		ARCHANGES HOD ☿		ANGES YESOD ☽	
49 Véhuel	♅	57 Némamiah	♅	65 Damabiah	♅
50 Daniel	♄	58 Yéialel	♄	66 Manakel	♄
51 Hahasiah	♃	59 Harahel	♃	67 Ayael	♃
52 Imamiah	♂	60 Mitzrael	♂	68 habuhiah	♂
53 Nanael	☉	61 Umabel	☉	69 Rahael	☉
54 Nithael	♀	62 Iah-HJel	♀	70 Yabamiah	♀
55 Mébahiah	☿	63 Anauel	☿	71 Haiael	☿
56 Poyel	☽	64 Méhiel	☽	72 Numiah	☽

Séraphins	Kether		Anges 1 à 8
Chérubins	Hochmah	Uranus	Anges 9 à 16
Trônes	Binah	Saturne	Anges 17 à 24
Dominations	Hesed	Jupiter	Anges 25 à 32
Puissances	Guevourah	Mars	Anges 33 à 40
Vertus	Tiphereth	Soleil	Anges 41 à 48
Principautés	Netzah	Vénus	Anges 49 à 56
Archanges	Hod	Mercure	Anges 57 à 64
Anges	Tesod	Lune	Anges 65 à 72

- Sous Uranus:
  Anges 1, 9, 17, 25, 33, 41, 49, 57, 65.

- Sous Saturne:
  Anges 2, 10, 18, 26, 34, 42, 50, 58, 66.

- Sous Jupiter:
  Anges 3, 11, 19, 27, 35, 43, 51, 59, 67.

- Sous Mars:
  Anges 4, 12, 20, 28, 36, 44, 52, 60, 68.

- Sous Soleil:
  Anges 5, 13, 21, 29, 37, 45, 53, 61, 69.

- Sous Vénus:
  Anges 6, 14, 22, 30, 38, 46, 54, 62, 70.

- Sous Mercure:
  Anges 7, 15, 23, 31, 39, 47, 55, 63, 71.

- Sous Lune:
  Anges 8, 16, 24, 32, 40, 48, 56, 64, 72.

Le tableau des heures pour la confection des talismans

Génies régissant le corps mental	Régences à partir du lever du Soleil	Génies régissant le corps mental	Régences à partir du lever du Soleil
1 Vehuiah	du lever à 0:20	37 Aniel	de 12:00 à 12:20
2 Jeliel	de 0:20 à 0:40	38 Haamiah	de 12:20 à 12:40
3 Sitael	de 0:40 à 1:00	39 Rehael	de 12:40 à 13:00
4 Elemiah	de 1:00 à 1:20	40 Ieiazel	de 13:00 à 13:20
5 Mahasiah	de 1:20 à 1:40	41 Hahahel	de 13:20 à 13:40
6 Lelahel	de 1:40 à 2:00	42 Mikhael	de 13:40 à 14:00
7 Achaiah	de 2:00 à 2:20	43 Veuliah	de 14:00 à 14:20
8 Cahethel	de 2:20 à 2:40	44 Ielahiah	de 14:20 à 14:40
9 Haziel	de 2:40 à 3:00	45 Sealiah	de 14:40 à 15:00
10 Aladiah	de 3:00 à 3:20	46 Ariel	de 15:00 à 15:20
11 Lauviah	de 3:20 à 3:40	47 Asaliah	de 15:20 à 15:40
12 Hahaiah	de 3:40 à 4:00	48 Mihael	de 15:40 à 16:00
13 Iezalel	de 4:00 à 4:20	49 Vehuel	de 16:00 à 16:20
14 Mebahel	de * 4:20 à 4:40	50 Daniel	de 16:20 à 16:40
15 Hariel	de 4:40 à 5:00	51 Hahasiah	de 16:40 à 17:00
16 Hakamiah	de 5:00 à 5:20	52 Imamiah	de 17:00 à 17:20
17 Lauviah 2	de 5:20 à 5:40	53 Nanael	de 17:20 à 17:40
18 Caliel	de 5:40 à 6:00	54 Nithael	de 17:40 à 18:00
19 Leuviah	de 6:00 à 6:20	55 Mebahiah	de 18:00 à 18:20
20 Pahaliah	de 6:20 à 6:40	56 Poyel	de 18:20 à 18:40
21 Nelchael	de 6:40 à 7:00	57 Nemamiah	de 18:40 à 19:00
22 Yeiaiel	de 7:00 à 7:20	58 Ieialelh	de 19:00 à 19:20
23 Melahel	de 7:20 à 7:40	59 Harahel	de 19:20 à 19:40
24 Haheuiah	de 7:40 à 8:00	60 Mitzrael	de 19:40 à 20:00
25 Nith-Haiah	de 8:00 à 8:20	61 Umabel	de 20:00 à 20:20
26 Haaiah	de 8:20 à 8:40	62 Iah-Hel	de 20:20 à 20:40
27 Ieratael	de 8:40 à 9:00	63 Anauel	de 20:40 à 21:00
28 Seheiah	de 9:00 à 9:20	64 Mehiel	de 21:00 à 21:20
29 Rehiel	de 9:20 à 9:40	65 Damabiah	de 21:20 à 21:40
30 Omael	de 9:40 à 10:00	66 Manakel	de 21:40 à 22:00
31 Lecabel	de 10:00 à 10:20	67 Ayael	de 22:00 à 22:20
32 Vasariah	de 10:20 à 10:40	68 Habuhiah	de 22:20 à 22:40
33 Iehuiah	de 10:40 à 11:00	69 Rochel	de 22:40 à 23:00
34 Lehahiah	de 11:00 à 11:20	70 Jabamiah	de 23:00 à 23:20
35 Chavakiah	de 11:20 à 11:40	71 Haiaiel	de 23:20 à 23:40
36 Menadel	de 11:40 à 12:00	72 Mumiah	de 23:40 à 24:00

Aux heures incluses dans le tableau, qui sont des heures sidérales, il faut ajouter une heure pour la période d'été, soit du premier dimanche d'avril au dernier dimanche d'octobre. Il faudra, à ce résultat, déduire la différence de longitude par rapport à Greenwich, soit 5' 44° pour Montréal. Exemple: Vous voulez faire un talisman basé sur Mumiah, le 30 mai. Vous devez commencer normalement à 23' 40°. Donc:

23:40 + 1 heure (été) − 5' 44° = 00:35 le 31 mai. Vous ferez donc votre travail le 31 mai entre 00:35 et 00:55.

---

1. Voir La table de correction pour les latitudes.

L'horloge planétaire

Heures	Dimanche	Lundi	Mardi	Mercredi	Jeudi	Vendredi	Samedi
De 0 h 00 à 1 h 00	Soleil	Lune	Mars	Mercure	Jupiter	Vénus	Saturne
De 1 h 00 à 2 h 00	Vénus	Saturne	Soleil	Lune	Mars	Mercure	Jupiter
De 2 h 00 à 3 h 00	Mercure	Jupiter	Vénus	Saturne	Soleil	Lune	Mars
De 3 h 00 à 4 h 00	Lune	Mars	Mercure	Jupiter	Vénus	Saturne	Soleil
De 4 h 00 à 5 h 00	Saturne	Soleil	Lune	Mars	Mercure	Jupiter	Vénus
De 5 h 00 à 6 h 00	Jupiter	Vénus	Saturne	Soleil	Lune	Mars	Mercure
De 6 h 00 à 7 h 00	Mars	Mercure	Jupiter	Vénus	Saturne	Soleil	Lune
De 7 h 00 à 8 h 00	Soleil	Lune	Mars	Mercure	Jupiter	Vénus	Saturne
De 8 h 00 à 9 h 00	Vénus	Saturne	Soleil	Lune	Mars	Mercure	Jupiter
De 9 h 00 à 10 h 00	Mercure	Jupiter	Vénus	Saturne	Soleil	Lune	Mars
De 10 h 00 à 11 h 00	Lune	Mars	Mercure	Jupiter	Vénus	Saturne	Soleil
De 11 h 00 à 12 h 00	Saturne	Soleil	Lune	Mars	Mercure	Jupiter	Vénus
De 12 h 00 à 13 h 00	Jupiter	Vénus	Saturne	Soleil	Lune	Mars	Mercure
De 13 h 00 à 14 h 00	Mars	Mercure	Jupiter	Vénus	Saturne	Soleil	Lune
De 14 h 00 à 15 h 00	Soleil	Lune	Mars	Mercure	Jupiter	Vénus	Saturne
De 15 h 00 à 16 h 00	Vénus	Saturne	Soleil	Lune	Mars	Mercure	Jupiter
De 16 h 00 à 17 h 00	Mercure	Jupiter	Vénus	Saturne	Soleil	Lune	Mars
De 17 h 00 à 18 h 00	Lune	Mars	Mercure	Jupiter	Vénus	Saturne	Soleil
De 18 h 00 à 19 h 00	Saturne	Soleil	Lune	Mars	Mercure	Jupiter	Vénus
De 19 h 00 à 20 h 00	Jupiter	Vénus	Saturne	Soleil	Lune	Mars	Mercure
De 20 h 00 à 21 h 00	Mars	Mercure	Jupiter	Vénus	Saturne	Soleil	Lune
De 21 h 00 à 22 h 00	Soleil	Lune	Mars	Mercure	Jupiter	Vénus	Saturne
De 22 h 00 à 23 h 00	Vénus	Saturne	Soleil	Lune	Mars	Mercure	Jupiter
De 23 h 00 à 24 h 00	Mercure	Jupiter	Vénus	Saturne	Soleil	Lune	Mars

Le calendrier perpétuel

SIÈCLES	ANNÉES					MOIS		JOURS	
1er 5	01	29	57	85	3	Janvier 5		1.....	2
2e 6	02	30	58	86	2	Années soulignées.... 6		2.....	1
3e 0	03	31	59	87	1			3.....	0
4e 1	04	32	60	88	6	Février............. 2		4.....	6
5e 2	05	33	61	89	5	Années soulignées.... 3		5.....	5
6e 3	06	34	62	90	4			6.....	4
7e 4	07	35	63	91	3			7.....	3
8e 5	08	36	64	92	1	Mars 2		8.....	2
9e 6	09	37	65	93	0	Avril............. 6		9.....	1
10e 0	10	38	66	94	6	Mai 4		10....	0
11e 1	11	39	67	95	5	Juin.............. 1		11....	6
12e 2	12	40	68	96	3	Juillet 6		12....	5
13e 3	13	41	69	97	2	Août.............. 3		13....	4
14e 4	14	42	70	98	1	Septembre 0		14....	3
15e 5	15	43	71	99	0	Octobre............ 5		15....	2
	16	44	72	100	5	Novembre 2		16....	1
16e jusqu'au 4 octobre 1582 6	17	45	73		4	Décembre 0		17....	6
	18	46	74		3			18....	6
	19	47	75		2			19....	5
16e depuis le 15 octobre 1582 2	20	48	76		0			20....	4
	21	49	77		6	0 7 14 21 Dimanche		21....	3
17e 3	22	50	78		5	1 8 15 22 Samedi		22....	2
18e 5	23	51	79		4	2 9 16 23 Vendredi		23....	1
19e 0	24	52	80		2	3 10 17 24 Jeudi		24....	0
20e 2	25	53	81		1	4 11 18 Mercredi		25....	6
	26	54	82		0	5 12 19 Mardi		26....	5
	27	55	83		6	6 13 20 Lundi		27....	4
	28	56	84		4			28....	3
								29....	2
	Exception 1700, 1800, 1900 au lieu de 5 6							30....	1
								31....	0

Dans le calendrier perpétuel, vous voyez quatre tableaux: SIÈCLES, ANNÉES, MOIS et JOURS. En regard de chaque siècle, de chaque mois, de chaque année, de chaque jour (quantième du mois), se trouve un chiffre gras.

Pour avoir le jour de la semaine correspondant à une date quelconque, il suffit d'additionner les quatre chiffres gras en regard du siècle, de l'année, du mois et du quantième de la date considérée.

Par exemple : Le 21 février 1936.

1900, c'est le XXe siècle	chiffre 2
36, année soulignée	chiffre 1
Février, année soulignée	chiffre 3
Total	9

Vous vous reportez ensuite au tableau au-dessous de la colonne des MOIS. Vous voyez que le chiffre 9 correspond au vendredi ; le 21 février 1936 était donc un vendredi.

Prenons un autre exemple. Vous voulez connaître quel jour de la semaine est né Napoléon Ier. La date de naissance est le 15 août 1769.

1700, c'est le XVIIIe siècle	chiffre 5
69	chiffre 2
Août	chiffre 3
15	chiffre 2
Total	12

Ce qui correspond au mardi.

Les années soulignées sont les années bissextiles ; pour ces années, quand la date est en janvier ou en février, on ajoute 1 comme il est indiqué dans le tableau MOIS. Pour l'année 1900 qui n'est pas bissextile à 6, on ajoute le mois et le jour. Le 1er janvier 1900, c'est 6 plus 5, plus 2, soit 13, c'est un lundi. Il en est de même pour 1700 et 1800.

Les levers et les couchers du Soleil

Mois	Levers	Couchers	I.S.D. L	I.S.D. C	Mois	Levers	Couchers	I.S.D. L	I.S.D. C
JANVIER 1	7 h 46	16 h 02	4 h 08	4 h 08	**JUILLET** 1	3 h 52	19 h 56	8 h 02	8 h 02
7	7 h 45	16 h 09	4 h 12	4 h 13	7	3 h 56	19 h 54	7 h 59	7 h 59
13	7 h 42	16 h 16	4 h 17	4 h 17	13	4 h 02	19 h 50	7 h 54	7 h 54
19	7 h 39	16 h 25	4 h 22	4 h 24	19	4 h 08	19 h 45	7 h 49	7 h 48
25	7 h 32	16 h 34	4 h 31	4 h 31	25	4 h 15	19 h 38	7 h 42	7 h 41
31	7 h 25	16 h 44	4 h 39	4 h 40	31	4 h 23	19 h 31	7 h 34	7 h 34
FÉVRIER 1	7 h 24	16 h 45	4 h 40	4 h 41	**AOÛT** 1	4 h 24	19 h 29	7 h 33	7 h 32
7	7 h 15	16 h 55	4 h 50	4 h 50	7	4 h 32	19 h 20	7 h 24	7 h 24
13	7 h 05	17 h 05	5 h 00	5 h 00	13	4 h 40	19 h 10	7 h 16	7 h 17
19	6 h 55	17 h 15	5 h 10	5 h 10	19	4 h 49	18 h 59	7 h 05	7 h 05
25	6 h 44	17 h 25	5 h 20	5 h 21	25	4 h 57	18 h 43	6 h 56	6 h 55
28	6 h 38	17 h 30	5 h 25	5 h 27	31	5 h 06	18 h 36	6 h 45	6 h 45
MARS 1	6 h 36	17 h 31	5 h 27	5 h 28	**SEPTEMBRE** 1	5 h 07	18 h 34	6 h 44	6 h 43
7	6 h 24	17 h 41	5 h 38	5 h 39	7	5 h 16	18 h 21	6 h 33	6 h 32
13	6 h 12	17 h 50	5 h 48	5 h 50	13	5 h 24	18 h 09	6 h 23	6 h 22
19	5 h 59	17 h 59	6 h 00	6 h 00	19	5 h 33	17 h 56	6 h 12	6 h 11
25	5 h 47	18 h 08	6 h 10	6 h 11	25	5 h 41	17 h 43	6 h 02	6 h 00
31	5 h 34	18 h 17	6 h 21	6 h 22	30	5 h 48	17 h 33	5 h 53	5 h 52
AVRIL 1	5 h 32	18 h 19	6 h 23	6 h 23	**OCTOBRE** 1	5 h 50	17 h 31	5 h 51	5 h 50
7	5 h 20	18 h 28	6 h 33	6 h 35	7	5 h 59	17 h 18	5 h 40	5 h 39
13	5 h 07	18 h 37	6 h 44	6 h 46	13	6 h 08	17 h 06	5 h 29	5 h 29
19	4 h 56	18 h 46	6 h 54	6 h 56	19	6 h 17	16 h 54	5 h 19	5 h 18
25	4 h 44	18 h 54	7 h 05	7 h 05	25	6 h 26	16 h 43	5 h 09	5 h 08
30	4 h 35	19 h 02	7 h 13	7 h 14	31	6 h 36	16 h 32	4 h 58	4 h 58
MAI 1	4 h 33	19 h 03	7 h 14	7 h 15	**NOVEMBRE** 1	6 h 38	16 h 31	4 h 56	4 h 56
7	4 h 24	19 h 12	7 h 23	7 h 25	7	6 h 47	16 h 21	4 h 47	4 h 47
13	4 h 15	19 h 20	7 h 32	7 h 35	13	6 h 57	16 h 13	4 h 38	4 h 38
19	4 h 07	19 h 28	7 h 40	7 h 41	19	7 h 06	16 h 05	4 h 29	4 h 29
25	4 h 00	19 h 35	7 h 47	7 h 48	25	7 h 15	15 h 00	4 h 22	4 h 23
31	3 h 55	19 h 42	7 h 53	7 h 53	30	7 h 22	15 h 56	4 h 17	4 h 17
JUIN 1	3 h 54	19 h 43	7 h 54	7 h 55	**DÉCEMBRE** 1	7 h 23	15 h 55	4 h 16	4 h 16
7	3 h 51	19 h 48	7 h 58	7 h 59	7	7 h 31	15 h 53	4 h 11	4 h 11
13	3 h 49	19 h 53	8 h 01	8 h 03	13	7 h 37	15 h 52	4 h 06	4 h 07
19	3 h 48	19 h 55	8 h 04	8 h 03	19	7 h 41	15 h 53	4 h 06	4 h 05
25	3 h 49	19 h 56	8 h 04	8 h 03	25	7 h 45	15 h 58	4 h 05	4 h 04
30	3 h 52	19 h 56	8 h 02	8 h 02	31	7 h 46	16 h 01	4 h 07	4 h 08

Ce tableau donne les levers et les couchers du Soleil, à Paris, de six jours en six jours. Les colonnes marquées I.S.D. (intervalles semi-diurnes) indiquent à la colonne L, le temps qui s'écoule entre le lever du Soleil et son passage au méridien de Paris, et à la colonne C, le temps qui s'écoule entre le coucher et le passage au méridien de Paris. Pour connaître l'heure du passage du Soleil au méridien, il suffit d'ajouter à l'heure du lever l'intervalle semi-diurne du lever. Exemple: 1er janvier: le Soleil passe au méridien à 7 h 46 + 4 h 08, soit à 11 h 54.

La table de correction pour les latitudes

I.S.D.	0°	2°	4°	6°	8°	10°	12°	14°	16°	18°	20°	22°	24°	26°	28°
	+	+	+	+	+	+	+	+	+	+	+	+	+	+	+
4 h 00	122	119	115	111	108	104	100	97	93	89	85	81	76	72	67
4 h 10	112	109	106	102	99	95	92	89	85	81	78	74	70	66	61
4 h 20	102	99	96	93	90	87	84	81	77	74	70	67	63	60	56
4 h 30	92	90	87	84	81	78	75	73	70	67	63	60	57	54	50
4 h 40	82	80	77	75	72	70	67	65	62	59	56	53	51	48	44
4 h 50	72	70	68	66	63	61	59	57	54	52	49	47	44	42	39
5 h 00	62	60	58	57	55	53	51	49	47	45	42	40	38	36	33
5 h 10	52	51	49	48	46	44	43	41	39	37	36	34	32	30	23
5 h 20	42	41	40	38	37	36	34	33	32	30	29	27	26	24	22
5 h 30	32	31	30	29	28	27	26	25	24	23	22	21	20	18	17
5 h 40	22	22	21	20	20	19	18	17	16	16	15	14	13	13	12
5 h 50	12	12	12	11	11	10	10	9	9	9	8	8	7	7	6
6 h 00	2	2	2	2	2	2	2	2	2	1	1	1	1	1	1
	−	−	−	−	−	−	−	−	−	−	−	−	−	−	−
6 h 10	8	7	7	7	7	7	6	6	6	6	5	5	5	5	4
6 h 20	18	17	17	16	16	15	15	14	13	13	12	12	11	10	10
6 h 30	28	27	26	25	24	24	23	22	21	20	19	18	17	16	15
6 h 40	38	37	36	34	33	32	31	30	28	27	26	25	23	22	21
6 h 50	48	46	45	43	42	41	39	37	36	34	33	31	30	28	26
7 h 00	58	56	54	53	51	49	47	45	44	42	40	38	36	34	31
7 h 10	68	66	64	62	60	58	56	53	51	49	47	44	42	39	37
7 h 20	78	75	73	71	68	66	64	61	59	56	54	51	48	45	42
7 h 30	88	85	83	80	77	75	72	69	66	64	61	58	55	51	48
7 h 40	98	95	92	89	86	83	80	77	74	71	68	64	61	57	54
7 h 50	108	105	101	98	95	92	89	85	82	78	75	71	67	64	59
8 h 00	118	114	111	107	104	101	97	93	89	86	82	78	74	70	65
8 h 10	128	124	120	117	113	109	105	101	97	93	89	85	80	76	71

La table de correction pour les latitudes

I.S.D.	30°	32°	34°	36°	38°	40°	42°	44°	46°	48°	50°	52°	54°	56°	58°	60°
	+	+	+	+	+	+	+	+	+	+	−	−	−	−	−	−
4 h 00	62	57	52	47	41	34	28	20	12	4	6	10	28	42	59	78
4 h 10	57	52	47	42	37	31	25	19	11	3	5	15	25	37	52	68
4 h 20	52	47	43	38	33	28	23	17	10	3	5	13	23	33	46	60
4 h 30	40	43	39	34	30	25	20	15	9	3	4	12	20	29	40	53
4 h 40	41	38	34	30	27	22	18	13	8	2	4	10	18	26	35	40
4 h 50	36	33	30	27	23	20	16	11	7	2	3	9	15	22	30	39
5 h 00	31	28	26	23	20	17	13	10	6	2	3	8	13	19	26	33
5 h 10	26	24	21	19	17	14	11	8	5	1	2	6	11	16	21	27
5 h 20	21	19	17	15	13	11	9	6	4	1	2	5	9	13	17	22
5 h 30	16	15	13	12	10	9	7	5	3	1	1	4	6	9	13	16
5 h 40	11	10	9	8	7	6	5	3	2	1	1	3	4	6	9	11
5 h 50	6	5	5	4	4	3	3	2	1	0	1	1	2	3	5	6
6 h 00	1	1	1	1	0	0	0	0	0	0	0	0	0	0	1	1
	−	−	−	−	−	−	−	−	−	−	+	+	+	+	+	+
6 h 10	4	4	3	3	3	2	2	1	1	0	0	1	2	3	3	4
6 h 20	9	8	8	7	6	5	4	3	2	1	1	2	4	6	8	10
6 h 30	14	13	12	10	9	8	6	4	3	1	2	3	6	9	12	15
6 h 40	19	17	16	14	12	10	8	6	4	1	2	5	8	12	16	20
6 h 50	24	22	20	18	15	13	10	8	5	1	2	6	10	15	20	26
7 h 00	29	27	24	21	19	16	13	9	6	2	3	7	12	18	24	32
7 h 10	34	31	28	25	22	19	15	11	7	2	3	8	15	21	29	38
7 h 20	39	36	33	29	25	21	17	13	8	2	4	10	17	25	34	44
7 h 30	45	41	37	33	29	24	19	14	9	3	4	11	19	28	39	51
7 h 40	50	46	42	37	32	27	22	16	10	3	4	13	22	32	44	58
7 h 50	55	51	46	41	36	30	24	18	11	3	5	14	25	36	50	66
8 h 00	61	56	51	45	40	33	27	20	12	4	5	16	28	41	57	76
8 h 10	66	61	55	49	43	37	30	22	13	4	6	18	31	46	64	87

Les corrections sont exprimées en minutes de temps. Ainsi, 122 = 122 minutes ou 2 heures 02 minutes. La correction (+) s'ajoute au coucher et se retranche au lever. La correction (−) se retranche au coucher et s'ajoute au lever. Montréal est à la latitude 45°38. Vous devrez prendre la moyenne. Exemple: I.S.D. = 4 h 00. Latitude 44° + 20, latitude 46° + 12. Latitude 45° = (+ 20) − (+ 12) = + 8/2 = + 12 + 4 = + 16.

Les modèles de talismans zodiacaux vierges

Bibliographie
(par ordre alphabétique d'auteurs)

AMBELAIN, R. *La talismanie pratique.*

BARDON, F. *Magie évocatoire; Initiation magique.* D. Ruggeberg Éd., 1990, 1994.

BAYARD, J.-P. *Les talismans.* Dangles, 1987.

BERSEZ, J. *Les 72 véritables pentacles de Salomon; Rituel pentaculaire.* Éd. du Lion d'Or, 1991.

BREYER, J. *Pentacles et talismans.* Ergonia, 1980.

CARADEAU, J.-L. *Les rites de la Lune; Les carrés magiques des 72 génies.* Librairie de l'inconnu, 1991.

GAËL, Y. *Talismans dévoilés.* Dangles, 1773.

HAZIEL. *Le grand livre de la kabbale magique.* Éd. Bussière, 1989.
Connaissance et pouvoir. Éd. François de Villac, 1988.
Horoscope de l'Âme et du comportement. Éd. Bussière.

HORNUNG, C. *Astrologie.*

LE GWEN, G. *Rituels pratiques d'angéologie.*

LENAIN. *La science cabalistique.* Amiens, 1823.

LÉVI, E. *Les mystères de la Kabbale.* Paris, 1932.

MANASSÉ, B. *Rituel de magie blanche.* La Diffusion Scientifique, 1973.

MORYASON, A. *La lumière sur le royaume.* 1986.

MUCHERY, G. *Magie, Moyens occultes d'Action Occulte.* Éd. Chariot.
Sortilèges et talismans. Éd. Chariot, 1990.
Astrologie divinatoire. Éd. Chariot.

ORIS, E. *Le grand livre des amulettes et talismans.* Éd. De Vecchi, 1992.

PAPUS. *Le livre de la chance*. La Diffusion Scientifique, 1991.

PAYEUR, C. *Talismanie et croissance personnelle*.

ROUACH, D. *Les talismans*. Albin Michel, 1989.

Le sixième et septième livre de M*oïse*.

Table des 72 anges.

CENTRE ÉSOTÉRIQUE VAN CHATOU
205, avenue du lac Opéra, Saint-Calixte,
Québec, Canada   J0K 1Z0
Téléphone et télec.: (514) 222-1712

- Enseignement par correspondance de tous les cours en ésotérisme: Anges de lumière, Astrologie, Aura et chakhras, Chirologie, Cristaux et Elixirs, Géomancie, Kabbale, Magie blanche, Magie et Rituel des bougies, Magie et talismans, Méditation et mantras, Numérologie, Tarot, Yi king, Confection de talismans.
- Enseignement en petits groupes des mêmes cours.
- Enseignement des mêmes cours, à votre domicile si désiré, dans les environs seulement.
- Résolution des problèmes d'envoûtement et de phénomènes paranormaux.
- Études astrologiques, de tarot, de numérologie et de comparaison de thèmes.
- Création, sur demande, de divers talismans pour la protection, la chance, la santé, l'amour, le travail ou l'argent.
- Recherche de vos trois anges gardiens.
- Ateliers d'une demi-journée, d'une journée complète ou d'une fin de semaine, selon les thèmes.
- Conférences sur divers sujets.
- Rituel des bougies
- Séances de méditation en groupe.
- Harmonisation des chakhras.
- Soirées mensuelles ésotériques avec des thèmes différents.